MOCTAR EL HACEN AHMED SALEM

ENTRE, MAGHREB ET SAHEL : **LES OULAD MBAREK**

MOCTAR EL HACEN AHMED SALEM

ENTRE, MAGHREB ET SAHEL : LES OULAD MBAREK

CONTRIBUTION A UNE CHRONOLOGIE D'UNE TRIBU GUERRIERE TRANSFRONTALIERE SAHELO MAGHREBINE

Dictus Publishing

Publisher:
Dictus Publishing
is a trademark of
Dodo Books Indian Ocean Ltd. and OmniScriptum S.R.L publishing group

120 High Road, East Finchley, London, N2 9ED, United Kingdom
Str. Armeneasca 28/1, office 1, Chisinau MD-2012, Republic of Moldova, Europe
Printed at: see last page
ISBN: 978-613-7-35748-4

ENTRE, MAGHREB ET SAHEL :

LES OULAD MBAREK

CONTRIBUTION A UNE CHRONOLOGIE D'UNE TRIBU GUERRIERE TRANSFRONTALIERE SAHELO MAGHREBINE

PAR MOCTAR OULD EL HACEN OULD CHEIKH OULD AHMED SALEM

Professeur Habilité des universités françaises

SOMMAIRE

CARTE FRANCAISE DE TOMBOUCTOU EN 1892, MONTRANT LES OULAD MBAREK ET LES OULAD EN NACER DANS LE SOUDAN FRANÇAIS(MALI)   6

EMPLACEMENT DE LA CARTE DES OULAD M'BAREK ET LES TRIBUS DU SUD OUEST MAURITANIEN EN 1856 (Paris imprimerie Aug. Bry. Rue du Bac 114)   7

CARTE DE FAIDHERBE EN 1889 MONTRANT LES CONTREES-EST DE L'ETAT OULAD M'BAREK   8

PARTIE 1 : CHRONOLOGIE GENERALE DES OULAD MBAREK   11

A : CHRONOLOGIE DES OULAD MBAREK DU CENTRE ET DE L'EST MAURITANO-MALIEN   12

B : CHRONOLOGIE DES OULAD MBAREK DU SUD-OUEST MAURITANIEN ET DU DELTA SENEGALO-MAURITANIEN   17

PARTIE 2 : LES OULAD MBAREK MAITRES DE LA MAURITANIE ET DE NIORO DU SAHEL DE 1650 à 1870   24

1/ Qui sont les OULAD M'BAREK en Mauritanie, au SAHEL et au Maghreb ?   25

GENEALOGIE GENERALE DES GUERRIERS EN MAURITANIE :   27

2/ UNE DOMINATION PARTIELLE DE PRESQUE TOUTE LA MAURITANIE ENTRE 1650 ET 1850   28

3/L'EMPRISE TERRITORIALE DES OULAD MBAREK ET LEURS SPECIFICITES GUERRIERES   30

4/STRUCTURE DU POUVOIR DE L'ETAT DES OULAD MBAREK   32

5/L'ETAT CENTRAL DES OULAD MBAREK ET LES AUTRES MINI EMIRATS DES FRACTIONS OULAD MBAREK :   33

6/L'ART DE LA GUERRE ET LA MOBILISATION ARMEE CHEZ LES OULAD MBAREK   36

7/LES EMIRS OULAD MBAREK TOUJOURS MEFIANTS, AVISES, PRENANTS LEURS PRECAUTIONS, ET SUR LEURS GARDES EN PERMANENCE :   37

8/LE PROFIL D'UN EMIR ET CAVALIER OULAD MBAREK : CHARISME ET STATURE IMPOSANTE DES PRINCES FAISANT GRANDE IMPRESSION CHEZ L'INTERLOCUTEUR		38

9/HARNACHEMENT ET MANIEMENT DU CAVALIER OULAD MBAREK		39

10/LES REINES OULAD MBAREK		39

11/L'IMPORTANCE DES CHEVAUX (MEZZOUZA) PUR SANG DES OULAD MBAREK		40

12/L'EDUCATION DES PRINCES MBARKIS ET LES SEPT PRINCIPES POUR VAINCRE LA PEUR DANS LA TRADITION DES OULAD MBAREK :		41

13/LES SEPT VALEURS SACREES DES OULAD MBAREK :		42

14/LES RESSOURCES ECONOMIQUES DE L'ETAT OULAD MBAREK		42

15/L'IMPORTANCE PARTICULIERE DES GRIOTS OULAD MBAREK		43

16/COMMENT LES GRIOTS GALVANISAIENT LES GUERRIERS OULAD MBAREK ?		44

17/RECUEIL DE POESIE SUR LA CIVILISATION ET LES VALEURS OULAD MBAREK :		46

18/ERREZAM OU LE CELEBRE TAMBOUR DES OULAD MBAREK		46

19/LES RAPPORTS EXTERIEURS DE L'ETAT TRANSFRONTALIER DES OULAD MBAREK		47

A/Les rapports des OULAD MBAREK avec le royaume du Maroc		47

B/Les rapports des OULAD MBAREK avec le Mali (EX SOUDAN FRANÇAIS)		48

C/Les rapports des OULAD MBAREK avec le Sénégal		49

20/FIN DE REGNE DES OULAD M'BAREK		51

21/LES CAUSES DE LA PREMIERE DEFAITE DES OULAD M'BAREK EN 1750		54

22/LE PATRIMOINE OULAD M'BAREK ABANDONNE LÂCHEMENT ET IGNORE PAR LA MAURITANIE D'AUJOURD'HUI		55

**PARTIE 3 : LES OULAD MBAREK DU SUD OUEST MAURITANIEN ET LEUR DERNIER CHEF EL HACEN OULD CHEIKH OULD AHMED SALEM 1924/2013.		58**

1/LES OULAD M'BAREK DU SUD OUEST MAURITANIEN.		59

2/LES OULAD MBAREK DU SUD-OUEST MAURITANIEN : ENTRE EXIL AU SENEGAL, ACCORD AVEC L'EMIRAT DU TRARZA, ET RESTRICTIONS COLONIALES. 60

3/ LES PRINCIPALES FRACTIONS OULAD MBAREK DU SUD OUEST MAURITANIEN. 63

4/LES OULAD M'BAREK DU SUD OUEST MAURITANIEN : UNE TRIBU TRES PUISSANTE DANS LE LAC DE GUIERS AU SENEGAL DE 1859 à 1890, ET AU DELTA EN RIVE DROITE, DE 1905 A 1970 : 64

5/LOUBEIRID : CAPITALE DES OULAD MBAREK AVANT QU'ELLE NE SOIT AUJOURD'HUI, CAPITALE DE L'EMIRAT DU TRARZA. 67

6/BOMBRI : LA DERNIERE GRANDE AGGLOMERATION DES OULAD MBAREK DU SUD OUEST MAURITANIEN 67

7/LES VALEURS ET TRAITS CARACTERISTIQUES DES OULAD MBAREK DU SUD OUEST MAURITANIEN 68

7.1 L'HOSPITALITE : UNE TRIBU REFUGE POUR LES FAIBLES ET LES EXILES DE TOUTE LA MAURITANIE : 68

7.2 LES VALEURS GUERRIERES ETAIENT OBLIGATOIRES POUR LES JEUNES MBARKIS DANS LE SUD-OUEST MAURITANIEN, JUSQU'EN 1968 ET AVEC DE RUDES EPREUVES : 68

7.3 LA VIE EN SOLITAIRE POUR LES JEUNES MBARKIS DANS LA FORET : L'EXEMPLE DES JEUNES DITS ELBABOUCHES CHEZ LES OULAD MBAREK DU SUD OUEST MAURITANIEN. 69

7.4 LE RESPECT DE LA PAROLE DONNEE 70

8/ LA FRACTION AHEL AHMED SALEM DES OULAD MBAREK DU SUD OUEST MAURITANIEN : GOUVERNANCE INTELLIGENTE DES OULAD MBAREK DANS UN ENVIRONNEMENT DIFFICILE. 70

9/EL HACEN OULD AHMED SALEM 1924-2013 : INTELLIGENCE, SAGESSE ET GENEROSITE. 72

10/LA POESIE EN DEUIL SUR EL HACEN OULD AHMED SALEM 75

11/ L'HERITAGE D'EL HACEN OULD AHMED SALEM. 90

CONCLUSION 91

REFERENCES BIBLIOGRAPHIQUES 92

ANNEXES 94

Traité conclu entre Louis Tautain, commandant de cercle, et Sidi Ahmed ben Mohammadou Lamine, cheik des Oulad Embareck 99

CARTE FRANCAISE DE TOMBOUCTOU CI-DESSUS EN 1892, MONTRANT LES OULAD MBAREK ET LES OULAD EN NACER DANS LE SOUDAN FRANÇAIS (MALI)

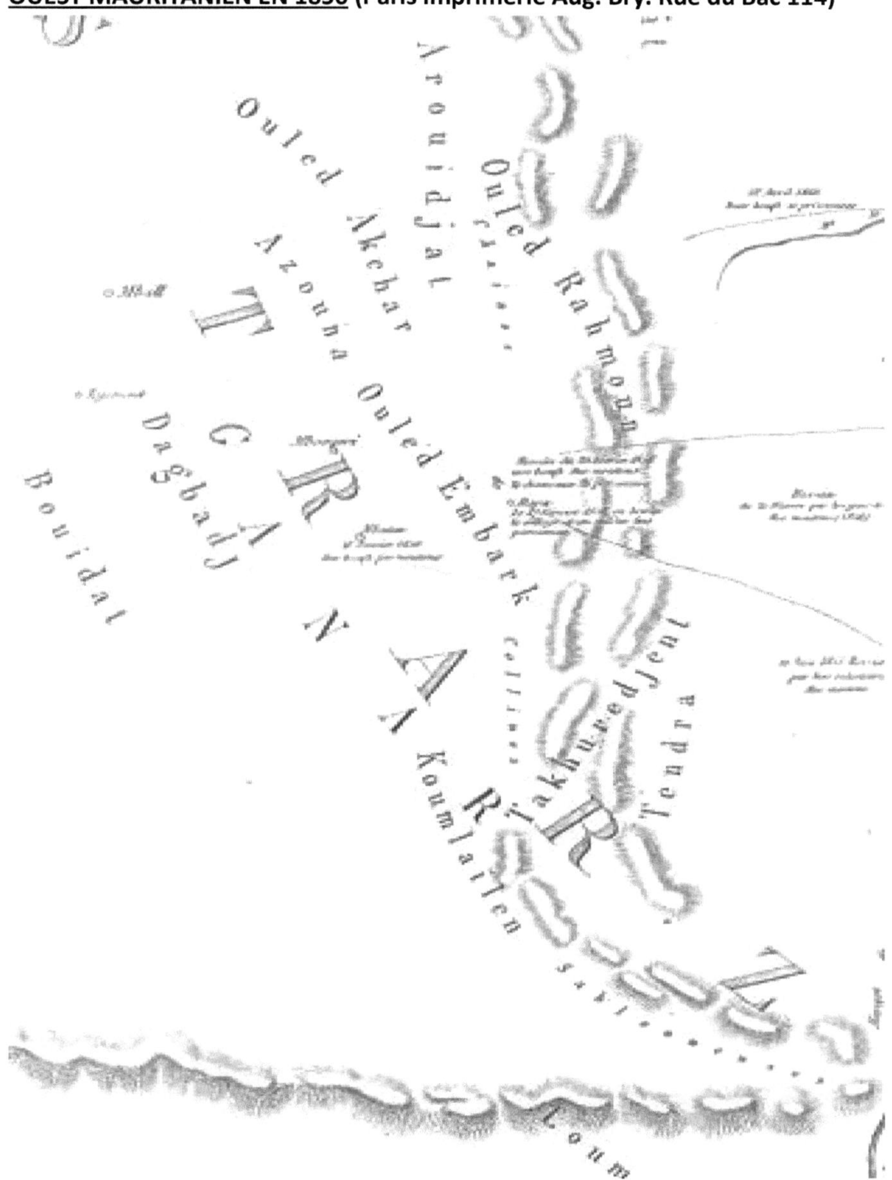
Arouidjal
Ouled Akchar
Azouna
Ouled Rahmoun
Ouled Embark
TY
G R A N A R Z
Azouna
Dagbaïj
Bouidal
Koumlaïffen
Takkuredjent
Tendra
collines
Houm

CARTE DE FAIDHERBE EN 1889 MONTRANT LES CONTREES-EST DE L'ETAT OULAD M'BAREK

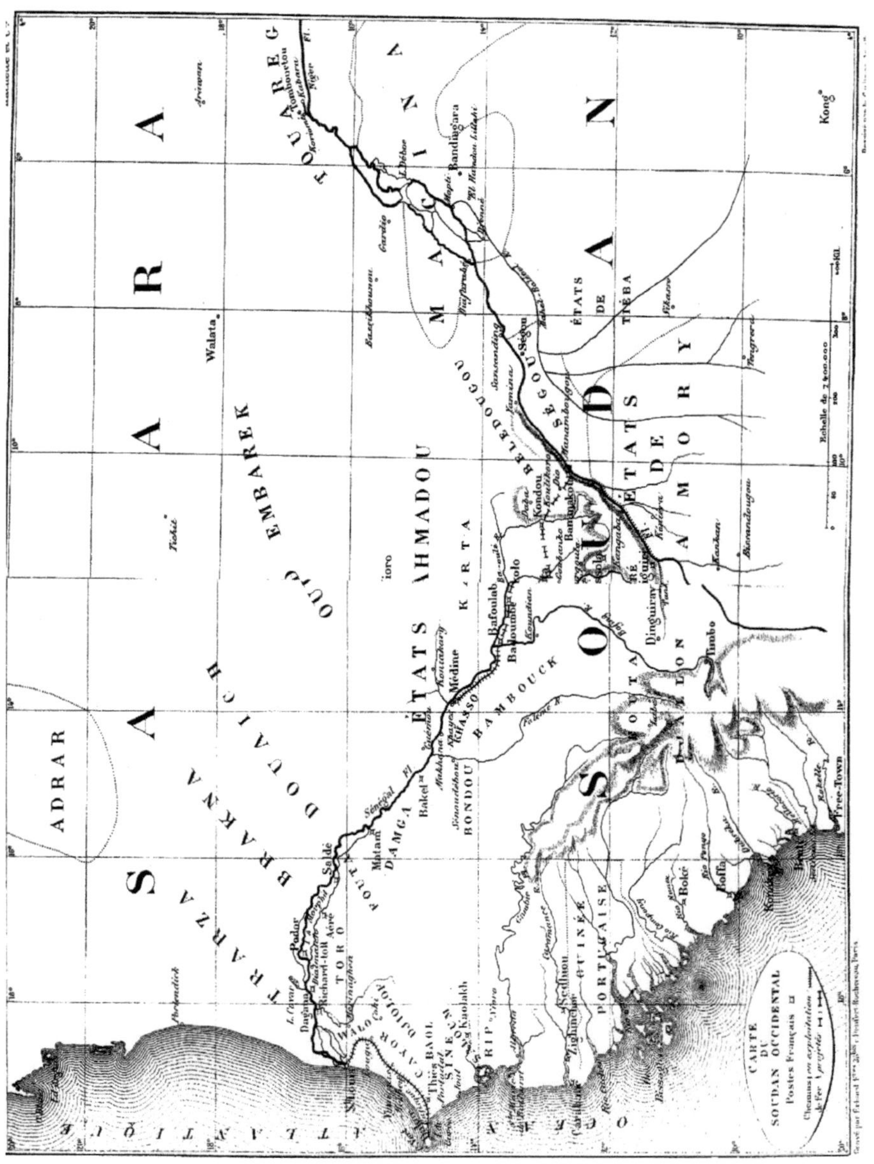

<u>**PHOTO DE COUVERTURE :**</u>

EL HACEN OULD **CHEIKH** OULD **AHMED SALEM**, DERNIER CHEF DES OULAD MBAREK DU SUD-OUEST MAURITANIEN 1924/2013. **EL HACEN** EST le fils de **CHEIKH** OULD AHMED **SALEM** OULD **MAHMOUD** OULD **AHMED MEILOUD** OULD **VATY** OULD **OMRANE** OULD **GROUNE**.

LES RAISONS QUI M'ONT AMENE A ECRIRE CE LIVRE POUR CONTRIBUER A VALORISER LE PATRIMOINE DES OULAD MBAREK :

Les OULAD MBAREK sont la seule tribu qui a étendu sa domination pendant deux siècles sur la Mauritanie actuelle (TIRIS 1650, ADRAR 1670, TAGANT 1680, LE HODH et L'ASSABA 1700-1850), le Sahel malien (KAARTA 1750-1870) et même une infime partie du Sénégal, éphémèrement en la seule année 1852, dans la zone du lac de Guiers. De plus, la tribu a des lignages en Algérie et au Maroc. A part le récit de MUNGO PARK en 1795-1797, sur « le royaume de LOUDAMAR » (Royaume OULAD AMAR transfrontalier entre la Mauritanie et le Mali, tout puissant de 1760 à 1860), et un seul mémoire à l'université de Nouakchott, sur l'histoire des OULAD MBAREK, on ne trouve aucun document en Mauritanie, sur cette puissante tribu transfrontalière. Néanmoins la musique traditionnelle de Mauritanie, et même la musique BAMBARA, a su conserver l'épopée des OULAD MBAREK, car les chanteurs de l'époque accompagnaient les princes dans leur moindre déplacement, avec des rapportages forts éloquents traduits en musique et en poésie. Malheureusement, cette musique traditionnelle est en train de disparaitre, elle aussi, avec ses griots. (Nous espérons que le nouveau centre des arts qui a été créé par l'Etat mauritanien en 2020, ravivera la mémoire sur les OULAD MBAREK, et valorisera tout le patrimoine de la Mauritanie).

<u>RAISON 1</u> : Plusieurs citoyens mauritaniens et étrangers me demandent constamment, si les OULAD MBAREK sont une tribu du Mali, de la Mauritanie, du Sénégal, de l'Algérie ou du Maroc ?

<u>RAISON 2</u>   : Comme ma collectivité tribale est résidente actuellement dans le département de KEUR MACEN (et avant cela, elle a vécu en partie, au Sénégal) beaucoup me demandent : suis-je un OULAD MBAREK ? Car l'expansion OULAD MBAREK n'est connue par certains, que dans le Mali ou l'Est mauritanien. Et pourtant, si on retrace le parcours du grand chef Oulad Mbarek, OUDEIKA, on trouve entre Rosso et Keur Macen, toute une toponymie qui lui est dédiée, lors de ses emprises sur des escales situées en rive droite du fleuve Sénégal.(voir Mechraae OUDEIKA) sur le Gouer bras du fleuve Sénégal en rive droite/Delta.

<u>RAISON 3</u> : Outre la musique maure traditionnelle qui, a été créé pour les OULAD MBAREK, il y a d'autres valeurs qu'ont incarné les OULAD MBAREK comme : vaincre la peur, promouvoir le courage et la générosité, protéger les pauvres, les opprimés et les fugitifs ; qu'il faudrait faire connaître, aux nouvelles générations sahéliennes en perte de valeurs et de références.

<u>RAISON 4 </u>: Il y a comme un sentiment de la part de la Mauritanie et de ses « chercheurs », d'oublier et de faire oublier cette partie de son histoire, car l'ETAT DES OULAD MBAREK n'est pas cité en tant que tel, même parmi les Emirats qu'on enseigne souvent aux écoliers mauritaniens. De même, lorsqu'on parle de résistance anti coloniale en Mauritanie, on oublie systématiquement la résistance des émirs OULAD MBAREK, eux qui ont emprisonné l'explorateur MUNGO PARK vers 1796, tué le major HOUGTON à Nioro en 1794, et engagé la résistance face à l'expansion des Bambaras jusqu'à SEGOU au Mali. De même, ils ont eu maille avec El Hadj Omar qui voulait étendre son empire en Mauritanie. POUR CELA, ce livre est divisé en trois parties + Annexes :

- PARTIE 1 : CHRONOLOGIE GENERALE DES OULAD MBAREK avec A : Chronologie des OULAD MBAREK du centre et de l'Est mauritano-malien. B : Chronologie des OULAD MBAREK du sud-ouest mauritanien et du delta sénégalo-mauritanien.
- PARTIE 2 : LES OULAD MBAREK MAITRES DE LA MAURITANIE ET DE NIORO DU SAHEL DE 1650 à 1870.
- PARTIE 3 : LES OULAD MBAREK DU SUD OUEST MAURITANIEN A TRAVERS LE PROFIL DE LEUR CHEF : EL HACEN OULD CHEIKH OULD AHMED SALEM 1924/2013.
- ANNEXES

PARTIE 1 : CHRONOLOGIE GENERALE DES OULAD MBAREK :

- **Avec A : Chronologie des OULAD MBAREK du centre et de l'Est mauritano-malien.**

- **Et B : Chronologie des OULAD MBAREK du sud-ouest mauritanien et du delta sénégalo-mauritanien.**

A : CHRONOLOGIE DES OULAD MBAREK DU CENTRE ET DE L'EST MAURITANO- MALIEN

- 1670 : Les OULAD MBAREK tribu Hassan venant du nord-africain, occupent le Tiris et l'Adrar.
- 1715 : Les OULAD MBAREK descendent vers le centre et l'Est mauritaniens, voire aussi, le sud-ouest mauritanien selon plusieurs versions.
- 1715 : Cette descente est menée (Selon PAUL MARTY (1) par les fils de MBAREK (MOHAMMED, ROUIZ, ancêtre des OULAD LEGHWEIZI, et AMAR AL ABEIDI)
- 1720 : Les fils de MOHAMMED : a) BOUCEIF, b) HENOUNE AL ABEIDI succédant à MOHAMMED, c) MOUMOU,d) HAMMOU, e)BOU HODEL.
- 1725 : HENOUNE AL ABEIDI occupa le BAKHOUNOU (Mali-Mauritanie) contre les Peuls, et reçu même la reconnaissance de MOULAY ISMAIL, sultan du Maroc (selon M.A. LE CHATELIER dans son ouvrage sur L'Islam en Afrique occidentale française)
- 1736/1737 : Le TARIKH de OUALATA signale la mort d'IBN DOKHNAN, ALI BEIBA, AL BEIKEM dans une guerre contre les OULAD MBAREK, notamment les fils et frères de MOHAMMED.
- 1738 : Le TEDKIRET signale la présence d'une tribu arabe guerrière dite MBARKA à l'ouest de OUALATA, et où MOULAYE DEHEBI (venant du Maroc) s'est fixé après l'assassinat du KAHIA de TOMBOUCTOU convoité à l'époque par les marocains.
- 1750 : Première défaite des OULAD MBAREK dans le Tagant à TIDJIKJA face aux IDOUAICH, SCHMALTZ disait dans son rapport (Rapport du gouverneur SCHMALTZ (Gouverneur français du Sénégal) sur les IDOWISH et le poste de BAKEL 1820(9) : «   C'est Mohammed CHEIN, d'illustre mémoire, fils de BAKAR, fils d'Amar, qui leva l'étendard de la révolte vers 1750. A un siècle de distance, on assistait à une nouvelle phase de la lutte des populations berbères contre les envahisseurs arabes mais cette fois, les Berbères, moins confits en islam, mieux armés, plus unifiés, mieux commandés qu'au temps des imams du cheikh BOUBAH (1630-1674), allaient conquérir la victoire, **se dégager de tout tribut et de tout lien de vasselage, et fendant leurs suzerains OULAD MBAREK en deux, en rejeter une partie, fort amoindrie et presque épuisée, vers Nioro et Ballé,** où on la retrouve aujourd'hui(1820) en miettes, et **refouler l'autre partie, à peu près anéantie, et devenue les OULAD GHWEYZI et les ASKEUR, vers le haut Sénégal**, où on les retrouve aujourd'hui, dans le cercle de Kayes, **mélanisés,** sédentarisés, **n'ayant plus rien d'arabe et même de blanc, que la tradition et le nom.** » Cette lutte (entre IDOUAICH et OULAD MBAREK) dure environ de 1750 à 1800.
- 1752 : BLOCUS DE TIDJIKJA in ABDALLAHI KHALIFA : « La région du Tagant en Mauritanie : l'oasis de TIJIGJA entre 1660 et 1960 », édition KARTHALA.

  <u>BLOCUS DE HNEIKAT SUD DE TIJIKJA AVEC LA CONSPIRATION DES IDAWISH ET IDAWALI CONTRE LES OULAD M'BAREK ET LEURS ALLIES OULAD NACER (raconté par l'historien ABDALLAHI KHALIFA)</u> :

« Pendant le blocus imposé par les Hassanes OULAD M'BAREK et OULAD NACER, les IDAWALIS fournirent secrètement des vivres de toutes sortes aux IDOW'ISH……Les traditions recueillies à TIDJIKJA rapportent que pendant ce blocus, une SORBA de notables IDOW'ISH se rendit nuitamment auprès **de SIDI ABDALLA OULD HAJ BRAHIM** pour lui demander de prier pour eux. SIDI en raison de sa piété refusa d'abord, car tout guerrier ayant, selon lui, une conduite contraire à la SHARIA. Sur l'intervention d'une femme âgée et respectée AICHA MINT LATRACH d'origine IDOW'ISH et mère d'un lignage IDAWALI, le marabout accepta de leur ouvrir la porte… Et leur demanda qu'après la victoire, ils appliquent la SHARIA et suppriment le GHAVER.SIDI accepta et montra que HNOUK BAGHDADA (les mâchoires de la gorge) est un endroit stratégique pour l'armée IDOW'ISH qui a vaincu ainsi les Hassanes. »

- 1755 : HENOUNE AL ABEIDI chef des OULAD MBAREK est remplacé par son fils AMAR ou OMAR (pour les auteurs européens)

- 1758 : le colonel français MODAT (4) : « Portugais, Arabes, et Français dans l'Adrar mauritanien », nous rapporte qu'en 1758, les OULAD M'BAREK sont toujours en Adrar, car ils avaient chassé les OULAD BELLE suite à la bataille de ZADAG. L'auteur rapporte que cette dernière tribu, a fortement marqué l'Adrar, où il existe un massif du côté de CHOUM appelé massif des OULAD BELLE. Suite à cette défaite, les OULAD BELLE migrèrent vers Tichit.

- 1762 : AMAR fils de HENOUNE AL ABEIDI, est remplacé par son fils ELY (ALI pour les explorateurs européens) OULD AMAR.

- 1762/1808 : La chefferie des OULAD MBAREK s'est affirmée durant cette période avec les OULAD AMAR dont MUNGO PARK (Ecossais missionnaire de la société de géographie ayant vécu de 1770 à 1805) / et HOUGHTON (« Voyage dans l'intérieur de l'Afrique fait en 1795, 1796,1797/Traduction française : FRANCOIS MASPERO Paris 1980 ») décrivaient le royaume sous le nom de **ROYAUME DE LOUDAMAR.**

  (En réalité L'ETAT OULAD MBAREK dans son apogée, était beaucoup plus vaste que celui décrit par MUNGO PARK, <u>mais évolutivement,</u> il s'étendait du Sahara à l'ouest du TIRIS MAURITANIEN, jusqu'au Sahel malien, notamment la zone de NIORO du SAHEL, en passant par le haut Sénégal (KAYES-KANKOSSA).

  CELA POSE LES QUESTIONS SUIVANTES :

- **L'ETAT ou « L'EMIRAT » DES OULAD MBAREK ETAIT-IL MAURITANIEN, MALIEN, SENEGALAIS, ALGERIEN ? VOIRE MAROCAIN ?**

- **ENFIN, POURQUOI L'EMIRAT DES OULAD MBAREK N'EST PAS CITE DANS LE CADRE DE LA RESISTANCE A LA COLONISATION ? LUI QUI A ARRETE MUNGO PARK, TUA LE MAJOR HOUGTON, ET MENA LA RESISTANCE AVEC LES ROYAUMES MALIENS Jusqu'à SEGOU)**

- 1791 : ELY OULD AMAR arrêta, et renvoya le major HOUGTON au sud de NIORO, qui mourra sur son trajet.

- 1796 : Ely emprisonna MUNGO PARK de mars à juillet à BENOWM (capitale de l'Emirat OULAD EMBAREK). Cette capitale dont l'emplacement aujourd'hui est indéterminé, est dite aussi OULAD BOUNOUM, dite encore OULAD MOUMOUN (Selon PAUL MARTY (1).

- 1796 : Fuite de MUNGO PARK lors de la guerre de ELY avec les BAMBARAS du KAARTA sous la conduite de DASSE KOULIBALI qui attaqua la ville de DIARA, centre névralgique des fractions OULAD MBAREK.
- 1805 : Mort présumé d'ELY OULD AMAR, La Chefferie OULAD MBAREK est divisée entre HENOUNE AL ABEIDI, chef des OULAD BOUCEIF, OULAD MBAREK de BALLE ; et SIDAHMED son frère, chef des EHEL GUACHOUCH, OULAD MBAREK de NIORO.
- 1840 : Rupture d'alliance entre les OULAD MBAREK et les OULAD MELLOUK.
- 1844 : Mort du grand chef de guerre OULAD MBAREK : MOKHTAR OULD AMAR dans le HODH, ouvrant la voie à de luttes intestines au niveau de la tribu, et à l'émergence des MECHDOUFS dans le HODH.
- 1851 : OTHMAN OULD HENOUNE OULD BOUCEIF exerça le commandement avant de le passer trop âgé à son fils AMAR OULD OTHMANE.
- 1852 : AMAR OULD OTHMANE s'implanta dans le Sahel malien, notamment dans les provinces DIAWARA du KINGUI et BAMBARA du KAARTA, avec des guerres sans fin.
- 1854 : AMAR guerroya contre les IDAOUICH et défait BAKAR OULD SOUEDAHMED à KASSAKARE. Dans cette bataille, les OULAD MBAREK de NIORO reçurent le nom de GACHOUCH (poitrine), car ils étaient au milieu de la mêlée, pour vaincre les IDAOUICH en expansion continue.
- 1856 : AMAR mena une guerre contre les MECHDOUFS, contre les OULAD NACER, contre les AHEL TALEB MOKHTAR, contre les GLAGMA, et contre les toucouleurs à NIORO. Il vaincra ensuite les DOUKOURE DE GOUMBOU.
- 1857 : AMAR fit face à EL HADJ OMAR et son frère ALFA OMAR à NIORO, et amenèrent les OULAD MBAREK à se retirer vers le BAKHOUNOU.
- 1858 : Mort d'AMAR, et ses cousins et neveux se tiraillèrent sur les taxes qu'imposaient AMAR sur les caravanes qui venaient de TICHIT, OUALATA, NEMA et SOKOTO.
- 1858 : Bataille interne et sanglante de MBEIZ entre les MECHDHOUFS commandés par AHMED MAHMOUD. Les OULAD MBAREK alliés avec LAGHLAL ont failli prendre part avec un parti MECHDHOUF contre un autre.
- 1859/1860 : Exil et mort en chemin, d'EL KEVIA OULD BOUCEIF, de la lignée de HENOUNE LEBEIDI, fraction des **AWLAD AL ALYA,** grand chef valeureux et généreux OULAD MBAREK, tué lâchement dans une mare, et enterré à CHINGUETTI ; par des envoyés IDOUAICH qui le suivaient directement sur le chemin de l'exil, (Selon une version : de peur qu'il n'aille solliciter l'appui des sultans marocains à la réémergence des OULAD MBAREK). La légende OULAD MBAREK rapporte que les assassins d'EL KEVIA en annonçant leur forfait à un public, se sont étonnés que le chef OULAD MBAREK gardait un courage exceptionnel face aux balles en direct, quelqu'un du public leur a rétorqué aussitôt : Il n'a jamais gardé comme biens dans sa vie, que son courage. La même légende rapporte aussi que tous les gens qui priaient un matin, dans la mosquée de CHINGUETTI, ont été étonnés que chacun d'eux, a eu avoir un rêve : où EL KEVIA reproche aux Chinguettiens, le fait d'avoir enterré, à côté de lui un maudit. Aussitôt les personnes ayant eu ce rêve, ont accouru au cimetière pour éloigner la

tombe du maudit, effectivement enterré la veille, à côté de la tombe du chef OULAD MBAREK.

- 1860/1890 : ELY OULD MOKHTAR OULD AMAR OULD ELY OULD HENOUNE OULD BOU HODEL est signalé comme chef de guerre à SEGOU, où il mourût.
- 1863 : Combats violents à AGOUINIT et SBEIKHA à l'est de KIFFA entre les MECHDHOUFS, et les OULAD MBAREK alliés avec les AHEL TALEB MOSTAF et les OULAD MOHAMMED. La bataille de SBEIKHA est célèbre dans les chroniques locales, et est connue sous l'affaire de KREIKIBA du nom d'une jument pur-sang, qui s'est distinguée.
- 1864 : Eclatement du commandement des OULAD MBAREK et dispersion des Hellas. Division entre deux groupes : Groupe branche ainée AHEL HENOUN ET PARTISANS, chef OTHMAN OULD AMAR ; Et Groupe AHEL BOUCEIF avec AHEL HAMMOU et AHEL BOU HODEL, chef MOKHTAR OULD AMAR OULD ELY. Des luttes à mort entre les deux groupes étaient menées sans merci. Au final, les HENNOUNE se retirèrent vers MEDELLA et les peuls et MECHDHOUFS profitèrent des divisions des OULAD MBAREK.
- 1865 : BADDI l'un des derniers chefs OULAD MBAREK résista longtemps à NIORO avant de conclure une paix à SEGOU avec les MECHDHOUFS, il mourra dans la même année.
- 1865 : FAIDHERBE envoya à NIORO le lieutenant de spahis PERRAUD qui disait à propos des OULAD MBAREK : « Cette tribu, si puissante au temps du célèbre voyageur MUNGO PARK, a cessé d'exister, ou du moins n'est plus connue sous ce nom » (**Le temps de l'appellation des OULAD MBAREK par fractions éparpillées en Mauritanie et au Mali).**
- 1868 ? : Date présumée de la mort du sultan OULAD MBAREK, KHATTRY OULD AMAR OULD ELY.**A noter le titre de SULTAN attribué à ce KHATTRY.** On a aujourd'hui, dans le HODH et dans l'ASSABA, et au sein de toutes les tribus guerrières et ZWAYAS, l'appellation KHATTRY ou fractions KHATTRY, en référence à ce sultan exceptionnel en générosité et en bravoures.
- 1870 : Combats entre les MECHDHOUFS et les OULAD NACER, redevenus de nouveaux, alliés avec les OULAD MBAREK qui étaient très affaiblis.
- 1875 : Descente massive des OULAD MBAREK par groupes transhumants, vers le KAARTA malien (Soudan Français)
- 1880 : Le commandant de cercle de KAYES signale de nombreuses guerres locales entre les OULAD MBAREK, fractions : OULAD LEGHWEIZI et les peuls d'EL Haj Omar dans la zone de KANKOSSA.
- 1887 et le 14 mai : Traité entre Louis Tautin et Sidi Ahmed Ben Mouhamadou Lamine cheik des Oulad Embareck, traité validé par le roi de France et publié au journal officiel français.(voir annexe)
- 1889 : Dans son ouvrage, le GENERAL FAIDHERBE : « LE SENEGAL, LA FRANCE EN AFRIQUE OCCIDENTAL » PARIS LIBRAIRIE HACHETTE ET CIE, 79 BOULEVARD SAINT GERMAIN 1889, celui-ci montre dans une carte de situation, l'Etat OULAD EMBAREK aux côtés de l'Emirat DOUAICH, BRAKNA, TRARZA, ADRAR et ETATS AHMADOU du côté de la frontière malienne.

- 1890 : Le chef du groupement OULAD MBAREK BAKHOUNOU est OTHMAN OULD AMAR.
- 1891 : Les français sont à NIORO et les OULAD MBAREK sont dans le KINGUI avec le chef ELY OULD MOKHTAR.
- 1893 : En février, le Commandant ARCHINARD reconnait ELY OULD MOKHTAR SARIR comme chef de groupement OULAD MBAREK.
- 1894 : Visite d'ELY OULD MOKHTAR à KAYES et les OULAD MBAREK de l'OUAGOUDOU-BAKHOUNOU sont autorisés à rester dans la région de BALLE. Les villages de SOULEYMAN et DEREGOUNI ont été créés exclusivement pour les OULAD MBAREK.
- 1897 : Mort de ELY OULD MOKHTAR et il est remplacé par son cousin SIDI AHMED OULD ABIDIN.
- 1898 : Et le 22 décembre, signature d'un traité de paix entre SIDI AHMED OULD ABIDIN et les français au nom de la tribu des MBARKS et sur le territoire du SOUDAN FRANÇAIS (actuel Mali).
- 1901 : Mort de BAKAR OULD AHMED AL HABIB des OULAD NACER allié des OULAD MBAREK.
- 1906 : Les OULAD MBAREK de BALLE et BASSAKA reprirent les armes pour repousser les LAGHLAL envoyés par CHERIF MOULAYE IDRISS pour lutter contre les tribus qui ont fait des traités avec les français.
- 1909 : Accord entre les Français et les MECHDHOUFS sous la conduite d'ELY MAHMOUD, qui cessera les hostilités avec les OULAD MBAREK.
- 1910 : Les rapports du cercle de KAEDI signalent les incursions violentes des OULAD MBAREK fractions LITTAMA sur les paysans de MAGHAMA.
- 1910/1911 : Identification du canal de SONI ALI (roi SONRHAI) (1) par les français, du lac FAGUIBINE jusqu'à BASSIKNOU et ensuite OUALATA, afin de remplir la cuvette du HODH ; mais sa réactualisation est tributaire d'une réconciliation entre les tribus du HODH, notamment les ensembles OULAD MBAREK-OULAD NACER – MECHDHOUF-OULAD DAOUD.
- 1912 : Occupation d'OUALATA par les français.
- 1913 : Réconciliation partielle entre les MECHDHOUFS, les OULAD MBAREK et les OULAD NACER eu égard à l'occupation française.
- 1915 : AHMED OULD AL LAB cousin d'OTHMANE OULD AMAR, chef du groupement OULAD MBAREK BAKHOUNOU devient le nouveau chef de ce groupement, car le fils HENOUNE de OTHMANE OULD AMAR est trop jeune.
- 1916/1917 : Rezzous réguliers des tribus du nord sur le HODH (RGEYBATT, OULAD GHAYLAN, OULAD BOU SBA) et pour faire face, les français distribuent des armes aux principaux chefs OULAD MBAREK, aux MECHDHOUFS, aux OULAD NACER, et aux OULAD DAOUD.
- 1917 : Transfert du siège du cercle d'OUALATA à NEMA. Les OULAD M'BAREK qui étaient restés dans cette zone, quittèrent définitivement vers NIORO avec les TENWAJII. Les fractions restantes dans le HODH et L'ASSABA, se sont intégrées aux

autres tribus locales. Depuis lors, les traditions locales rapportent que **dans le HODH et l'Assaba, toute tribu dit-on, a une ascendance OULAD MBAREK.**

- 1921 : PAUL MARTY, (1) auteur de l'étude des tribus maures et du Soudan regrette, qu'il n'ait pas trouvé un marabout d'origine MBARKI. En plus, dit-il, pour toutes les affaires religieuses, les OULAD MBAREK se référant aux TENWAJOUS.

- 1944 : « 30% des harratines des OULAD M'BAREK et TENWAJIOU sont demeurés de l'autre côté de la frontière dans le cercle de NIORO, ce sont les OULAD M'BAREK qui demeurent toute l'année, dans le KINGI DIAWARA (Les OULAD MBAREK étaient les alliés des DIAWARA contre les peuls, qui étaient alliés aux UMARIENS (El Haj UMAR) » in (11) : « **Le Soudan français de 1939 à 1945 : une colonie dans la guerre** » De VINCENT JOLY, KARTHALA EDITIONS.

B : Chronologie des OULAD MBAREK du sud-ouest mauritanien et du delta sénégalo-mauritanien

- 1630 : Selon la dépêche coloniale numéro du 15 février 1906(12) : MAGHFAR BEN OUDAI, surnommé « le père de tous les Arabes » venu de l'extrême sud marocain au début du 17 S, avec son frère EMBAREK viennent s'imposer à toutes les tribus. EMBAREK et les siens se dirigèrent vers le KAARTA et MAGHFAR et ses fils TERROUZE et BARKANI, continuèrent à descendre vers le fleuve.

- 1672 : Un détachement OULAD MBAREK descend jusqu'au sud-ouest mauritanien, pour aider à la guerre entre Zwayas et guerriers, guerre dite CHORBOBA. Une version orale recueillie auprès des ancêtres, fait remonter l'origine des OULAD MBAREK dans le sud mauritanien à cette époque. Certains anciens OULAD MBAREK confirment cette version, par le fait qu'un détachement de la tribu était venu dans cette zone, pour épauler leurs cousins Hassanes : TRARZAS-BRAKNAS-KHWAWAT. Après la fin de la guerre de CHORBOBA, le détachement OULAD MBAREK est resté sur place, et s'est implanté progressivement de part et d'autre, dans la zone du delta élargi du fleuve Sénégal. Cette version est attestée par PAUL MARTY (3) qui disait : « Cette chute (la chute du groupement OULAD MBAREK dans le sud-ouest) parait résulter des intrigues et des ruses des ZWAYA exaspérés, qui surent mettre aux prises, le groupement des OULAD MBAREK et celui des TRARZAS-BRAKNAS-KHWAWAT. »

- 1718 : Version des ancêtres de la tribu IKOUMLILEN (Tribu à KEUR MACEN, alliée de tout temps localement avec les OULAD MBAREK du sud-ouest mauritanien) font remonter l'origine de la présence des OULAD MBAREK au Trarza, par le fait qu'un détachement OULAD MBAREK a été envoyé par HENOUNE AL ABEIDI en 1716 ?1717 ? pour traquer les peuls jusqu'au lac de Guiers et sur demande de MOULAY ISMAIL, sultan du Maroc. Cette version est attestée par le fait, que les rescapés marocains de l'expédition du PACHA DJOUDER(1560-1660) étaient descendus jusqu'à la vallée du fleuve Sénégal en 1716, et étaient en guerre contre les principautés toucouleurs(la tradition orale au FOUTA rapporte le terme en vigueur aujourd'hui, dans la langue

POULAR : HORMANKOOBE qui veut dire une taxe envers les soldats marocains errants).D'autant plus que HENOUNE était soutenu aussi par le prince marocain MOULAY ISMAIL(selon M.A. LE CHATELIER dans son ouvrage sur L'Islam en Afrique occidentale française). De plus, les OULAD MBAREK du sud-ouest mauritanien ont des cimetières dans la zone du lac de Guiers(Sénégal), notamment le cimetière de NTEIN non loin de la ville actuelle de ROSS BETHIO. Dans ce cimetière, on trouve, aujourd'hui des sépultures à noms référentiels des OULAD M'BAREK comme : GROUN, AMRANE, MEISSA, VATY, AHMED SALEM, MAHMOUD, M'BAREK, etc. Des familles OULAD M'BAREK du sud-ouest s'identifient, aujourd'hui, à ces noms et affirment que leurs ancêtres sont dans ce cimetière de NTEIN. Cette même ville renferme aujourd'hui, beaucoup de fractions Harratines des OULAD MBAREK très métissées avec les populations locales sénégalaises.

- 1856 : Une carte de « Paris imprimerie AUG.BRY.Rue du Bac 114 » mentionne les tribus du sud-ouest mauritanien, avec emplacement des OULAD EMBAREK en rive gauche au Sénégal sous l'appellation : OULED EMBARK.

- 1857 : Une ancêtre OULAD MBAREK du sud-ouest mauritanien : VATMA VALL MINT MOISSALAL (ayant vécu 110 ans jusqu'à 1984) de la fraction de EHEL ELY OULD AMAR, fait remonter l'origine des OULAD MBAREK du sud-ouest mauritanien, à une défaite contre les peuls d'EL HAJ OMAR qui ont chassé les fractions MBARKIS de Nioro, jusqu'à Dagana et le lac de Guiers. Ensuite les OULAD MBAREK ont traversé le fleuve Sénégal en rive droite, croyant trouver chez les TRARZAS, le cousinage, mais ces derniers, ont renvoyé les OULAD MBAREK vers la rive gauche du fleuve Sénégal, sinon, ils doivent payer un GHAFER à l'Emirat. Cette femme chroniqueuse des OULAD MBAREK du sud-ouest mauritanien précisait qu'au vu de cette situation, les OULAD MBAREK ont choisi de se cantonner à la rive gauche du fleuve Sénégal. Cette version est attestée par le fait, qu'effectivement EL HADJ OMAR a défait les OULAD MBAREK à Nioro en 1855 et de plus, la tradition actuelle des OULAD MBAREK du sud-ouest mauritanien relate les démêlés avec les peuls sur la rive gauche qui sont « responsables » selon eux « de la peste » qui a frappé la région de Saint Louis de 1902 à 1907. En effet, la peste a décimé beaucoup de fractions OULAD MBAREK, notamment le chef général AHMED SALEM qui a recommandé selon les chroniques de la tribu à être enterré à NYOUMZI, actuel endroit du Nordeste de KEUR MACEN en rive droite.

- 1859 : Autre version racontée à EL HACEN par son inséparable ami, le chef des OULAD AKCHAR de KEUR MACEN ,AMAR SALEM OULD ABDI : « Lors de la défaite des OULAD M'BAREK face aux IDOW'ISH en 1750, les fractions OULAD M'BAREK ont été repoussées et dispersées vers le sud, et sud-est, notamment vers la frontière malienne du côté de KANKOSSA et du KARAKORO(il donne comme preuve la similitude des noms des fractions OULAD LEGHWEIZI, avec les noms des fractions des OULAD M'BAREK du sud-ouest mauritanien).Là, dit-il, les OULAD MBAREK ont eu maille avec les peulhs et les princes de la vallée ,alliés aux IDOW'ISH. Et suite à ces conflits, ils ont traversé vers la rive gauche du fleuve Sénégal en 1853, pour chercher la paix éphémère des français qui s'implantaient alors en territoire sénégalais. De là, les OULAD MBAREK se sont installés dans le début, aux environs de MATAM, ensuite le lac de GUIERS, et enfin à ROSS BETHIO au Sénégal, où vous avez (dit-il) tous vos ancêtres enterrés à NTEIN (à côté de ROSS BETHIO) au Sénégal ».

- 1863 : Guerre entre les OULAD MBAREK et les peuls de la zone de GUIERS.
- 1881 : Guerre entre les OULAD MBAREK et les IRROUMBATEN dans le WALO, le BRAK du WALO imposa la paix entre les belligérants.
- 1890 : Guerre entre les OULAD MBAREK et la tribu SWAIID, toujours en rive gauche du fleuve Sénégal.
- 1901 : COPPOLANI parle de la présence des tribus maures de la rive gauche qui veulent traverser en rive droite, notamment la tribu OULAD EMBARK qui n'accepte pas d'être tributaire, sous domination des Trarza OULAD AHMED BEN DEMAN en nomadisant vers le nord.
- 1902 : COPPOLANI disait en écrivant au gouverneur : « Les OULAD M'BAREK quittèrent vers 1901, la rive droite pour se soustraire aux exigences de la tribu dirigeante des pays TRARZA. Par l'intermédiaire de M. Justin Devès (traitant et Maire de Saint Louis en 1902 et en 1912) ils obtinrent de M. le directeur des affaires indigènes une lettre autorisant à passer sur la rive gauche, où ils devaient être à l'abri de toute vénalité »
- 1903 : COPPOLANI de poursuivre, les OULAD M'BAREK m'ont écrit : « Nous sommes reconnaissants à M. Justin Devès d'avoir ainsi veillé sur nos personnes et nos intérêts, ajoutent-ils, mais aujourd'hui que les français sont installés définitivement sur la rive droite, nous voulons être traités et considérés au même titre que tous les autres maures, pouvoir revenir dans notre pays(c'est-à-dire du Sénégal vers la Mauritanie) où volontiers nous paierons le Zakat ou dîme purificatoire due par tout bon musulman ».
- 1904 : ET COPPOLANI d'ajouter : « j'ai donné satisfaction à leur légitime revendication, et je prends des dispositions analogues vis-à-vis des autres tribus soumises aux mêmes obligations. J'ai tenu cependant à vous signaler les faits relatés dans la version contrôlée des OULAD EMBAREK qui, ajoutée à d'autres occasionnées par le même esprit et les mêmes tendances, nous démontreront, une fois de plus, combien il est sage et de bonne politique de dégager les populations maures de certains événements complexes de Saint Louis et de la rive gauche en leur donnant la direction et l'organisation autonome que vous avez bien voulu décider ».
- 1906 : Suite aux guerres des français avec l'Emirat du Trarza, un collectif de notabilités est coopté par les français provisoirement, pour suivre les affaires de la CHEMAMA en rive droite, dont notamment MOHAMMED OULD MOISSA, un des chefs OULAD EMBAREK.
- 1907 : Création du poste de MEDERDRA et les OULAD MBAREK sont invités par l'Emir du Trarza à se rattacher à MEDERDRA pour jouir de toutes les facilitations administratives. Certaines fractions OULAD MBAREK ont accepté moyennant qu'elles ne soient pas considérées comme vassaux par les sujets de l'Emirat.

- 1908 : Un accord est trouvé entre JUSTIN DEVES (Maire et traitant de Saint Louis), la DJEMAA des OULAD MBAREK, et l'Emirat du Trarza en 1908, stipulant que Durant l'hivernage (car l'hivernage était rude en rive gauche, notamment avec les ravages du paludisme) les OULAD M'BAREK peuvent retraverser la rive droite avec l'obligation de ne pas dépasser les 50 KM. En effet, l'espace des 50 KM du fleuve, en rive droite, fut toujours respecté jusqu'à nos jours, par les OULAD M'BAREK, où leur dernier village actuel : BOMBRI se trouve à 46 KM de ROSSO. En effet, MBOMPRI 1950 (premier ancien village sur la route bitumée ROSSO/NKTT réalisée en 1969) et ses environs, notamment les localités HASSANIYA, CHARIGHA et TEWFIGH sont les derniers villages des OULAD M'BAREK, connus à ce jour dans le sud-ouest mauritanien.

- 1925 : GUEYSSETT OULD VATY. VATY était un chef OULAD MBAREK très respecté mais aussi très craint, et ce en raison de ses valeurs guerrières ; l'Emir du Trarza lui a accordé des faveurs spéciales dans le territoire de l'Emirat, notamment le droit de se servir dans tous les puits de l'Emirat (qui étaient assez rares et limités à l'époque) lors de l'abreuvage de ses troupeaux pendant le séjour sur la limite des 50 KM en rive droite. La tradition locale a retenu l'adage suivant : « GUEYSSETT OULD VATY, le DELOU (outil de puisage) descendant le puits est pour VATY, et le DELOU remontant aussi, est pour VATY » jusqu'à ce que ce chef OULAD MBAREK, abreuve tous ses animaux. Le tout dit-on, était supervisé par les envoyés de l'Emir du Trarza. Cela prouve le respect et l'intérêt qu'accorde l'Emirat du Trarza, aux chefs OULAD MBAREK, lors de leur séjour en transhumance dans le sud-ouest mauritanien.

- 1934 : AHMED WETEDE est une affaire qui a failli envenimer les relations entre l'Emir AHMED SALEM du Trarza, et les OULAD MBAREK du sud-ouest mauritanien. En effet, les OULAD MBAREK forts de leurs armes et de leur importance numérique à l'époque (400 tentes environ) ; étaient dans l'une de leur zone de prédilection de la CHEMAMA de KEUR MACEN, appelée AL YOURAYA. Puis vint un des agents de l'Emir AHMED SALEM, passer la nuit dans le campement OULAD MBAREK, nommé AHMED et croyant que ces derniers doivent s'acquitter d'un GHAFER comme toutes les autres tribus de L'Emirat. La JEMAA des OULAD MBAREK a bien accueilli cet envoyé et lui répondirent que le matin de bonne heure, il lui sera remis le GHAFER et bien d'autres choses. Croyant à leur parole, AHMED dormit de toute aisance, et fut réveillé en catastrophe, car attaché par corde à un âne effrayé et courant à tout va. De plus, il n'entendait de ces hôtes qu'AHMED WETEDE (c'est-à-dire AHMED tient bien face au bourricot qui lui est attaché). Cette maltraitance fut rapportée aussitôt à l'Emir Trarza, qui décida de marcher contre les OULAD MBAREK, et ces derniers attendaient fermement avec leurs fusils dans les méandres de la CHEMAMA. La guerre était imminente entre les deux camps, mais c'était sans compter avec les AHEL TOUNSI et les AHEL SIDI, fractions Trarza très liées amicalement aux OULAD MBAREK, qui ont aussitôt averti l'administration française qui a intervenu sans délai, en démobilisant la troupe de l'Emir AHMED SALEM, et les guerriers OULAD MBAREK qui étaient prêts à la guerre, comme d'habitude.

- 1935 : L'administrateur CHARBONNIER disait qu'il ne pouvait lever l'impôt sur les OULAD M'BAREK, sans le consentement de leurs chefs, qui étaient craints et respectés par les autres tribus.
- 1935 : Création de la subdivision de ROSSO et les OULAD MBAREK demandent à y être rattachés administrativement, ce qui a été accordé par les français en 1939.
- 1940 : Ruée commerçante des OULAD MBAREK vers SAINT LOUIS, LOUGA, DAKAR, et BANJUL, avec convoyage de bétail et ouverture de boutiques dans les quartiers de ces villes.
- 1942 : Avec la famine, plusieurs fractions OULAD MBAREK, notamment Harratines choisirent de résider définitivement dans le WALO sénégalais, notamment à ROSS BETHIO, BOUNDOUM, lac de Guiers, et LOUGA. D'autres familles OULAD MBAREK ont choisi de résider à côté du marché de bétail de PIKINE à Dakar, et à GUEDIAWAYE. On les retrouve aujourd'hui, très intégrées au tissu familial urbain de PIKINE et GUEDIAWAYE, avec des noms comme DIKO, FALL, etc.
- 1956 : le gouverneur MOURAGUES du territoire du Sénégal, autorise le notable EL HACEN O/AHMED SALOUM, à détenir une arme (ci-joint permis en annexe) : Toute l'attention était accordée par les français aux notables OULAD M'BAREK au Sénégal, en raison de leur importance dans la dynamique commerciale urbaine à Dakar et à Saint Louis. MOURAGUES invita même les chefs OULAD MBAREK à résider définitivement au Sénégal.
- 1961 : Séparation des campements OULAD MBAREK et Guerre entre les fractions OULAD MBAREK : d'un <u>côté OULAD MBAREK 2</u> : les AHMED SALEM, les AHEL SEDDOUM et les EHEL VATY, les AHEL SAMBA, les AHEL MATTALA, les AHEL YATMA, les AHEL MONDIAYE, les EHEL AHMED ELY, les AHEL NDEWRELLA ; <u>et de l'autre côté OULAD MBAREK 1</u> : les EHEL HOUSSEIN, les EHEL MBAREK, les EHEL AHMED LILHOUSSEIN, les EHEL KORI, les EHEL BEBACAR, les EHEL ABDERRAHMANE.

  PRULIERE, chef de subdivision français du cercle du Trarza, interdit aux deux clans (OULAD M'BAREK 1 et OULADM'BAREK 2) de se rendre visite (voir lettre annexée).
- 1964 : Mort de CHEIKH OULD AHMED SALEM, chef des OULAD MBAREK, son fils ainé EL HACEN le remplaça.
- 1964 : Création de l'école de BOUMBRI, principal village des OULAD MBAREK sur la route ROSSO-NOUAKCHOTT (46 KM de ROSSO)
- 1966 : Création de l'école nomade d'OULAD MBAREK 1 à DORAGA, ensuite transférée à NDID BGHAM dans le KHACHEM (lisière et limite entre la CHEMAMA et les dunes continentales, à 25 KM-Est de KEUR MACEN) avec la construction de deux classes en dur.
- 1966 : et le 29 Aout, par note du commandant de cercle TRARZA, SAMORY OULD BIYA numéro 847/CT, EL HACEN est reconnu par l'Etat, comme chef des OULAD MBRAEK 2.
- 1967 : Attaque du clan OULAD MBAREK 1 sur les commerçants OULAD MBAREK 2 à Dakar au Sénégal. Quelques blessés légers. Puis revanche des OULAD MBAREK 2 à travers un commando expédié par EL HACEN (de sa résidence surveillée à la

gendarmerie de ROSSO) et sous l'acheminement secret de BILAL OULD SAMBA et YATMA OULD IMIGINE, autres chefs OULAD MBAREK commerçants à Saint Louis, qui amenèrent le commando, à attaquer les boutiquiers OULAD MBAREK 1 à Dakar de nuit, ensuite retour dans la même nuit, à Saint Louis, puis traversée en Mauritanie. Quatre blessés graves.

- 1968, engagement de paix entre OULAD M'BAREK 1(chef MED ABDEL HAI O/ EL HOUCEIN) et OULAD M'BAREK 2(chef EL HACEN O/ AHMED SALEM) Voir Annexes.

- 1968 : visite de FEU MOKHTAR OULD DADDAH, premier président de la république islamique de Mauritanie à EL HACEN, chef OULAD MBAREK où il passa la nuit, avec lui dans son campement à AOULIG. Le président MOKHTAR invita EL HACEN à ramener toute la tribu OULAD MBAREK du Sénégal à la Mauritanie.

- 1969 : l'école de NDID BGHAW des OULAD MBAREK 2 fût transférée, à LOUBEIRID (crée par les OULAD MBAREK) lors de l'alliance d'EL HACEN avec l'émir du Trarza HBIB OULD AHMED SALEM. Cette école a vécu de nos jours, et dans les annales du ministère de l'éducation, sous l'appellation ECOLE OULAD M'BAREK 2 LOUBEIRID.

- 1969 : LOUBEIRID (34 KM de ROSSO) DEVENU CAPITALE DES OULAD MBAREK 2 ET DE L'EMIRAT DU TRARZA : Avec l'achèvement de la route ROSSO-NOUAKCHOTT, EL HACEN transféra définitivement, le campement OULAD MBAREK 2 à LOUBEIRID, pour le céder finalement à l'Emir du Trarza HBIB OULD AHMED SALEM, lorsque ce dernier maria la sœur d'EL HACEN : DJILITT MINT AHMED SALEM et scella à jamais, l'alliance entre les OULAD MBAREK et L'EMIRAT du TRARZA. De cette union naquirent deux princes M'Barko-Trarzas : MOCTAR SALEM et SIDI. Cette alliance est contrée par les OULAD MBAREK 1 d'ABDEL HAYE OULD EL HOUSSEIN qui ne veulent pas avoir des relations avec l'Emirat du Trarza.

- 1970 : création de la MOUGHATAA DE KEUR MACEN. Les OULAD MBAREK ne relèvent plus de ROSSO et sont rattachés administrativement à cette nouvelle MOUGHATAA, en raison de leurs liens avec la CHEMAMA et le Sénégal. EL HACEN faisait partie des SIOUFS MACEN (les chefs de MACEN, notamment, avec HBIB OULD AHMED SALEM, émir du Trarza, AMAR SALEM chef des OULAD AKCHAR de KEUR MACEN, AHMED LHAMDI des TAGHRADEINT, et DOUM de N'Diago, oncle de BOIDIEL, actuel vice-président de l'assemblée nationale de Mauritanie et maire de N'Diago) etc.) EL HACEN était ainsi consulté avec ses collègues-chefs, par toute l'administration sur les affaires locales de cette nouvelle MOUGHATAA.

- 1976 : EL HACEN acheva la construction de deux maisons dites « Maisons OULAD MBAREK » sises sur l'avenue POLYCLINIQUE-MOSQUEE MAROCAINE à Nouakchott. La location de l'une des maisons est attribuée aux pauvres, et ce jusqu'à nos jours.

- 1988 : Avec la politique de la Mauritanie dite : « APRES BARRAGES ET AFFAIRES FONCIERES » les OULAD MBAREK, comme la plupart des tribus de la CHEMAMA à KEUR MACEN, sont chassés injustement de leurs terres traditionnelles, notamment de EL YOURAYA et même de la partie sud, de NDID BGHAW. Conséquences : Plus de transhumance vers la CHEMAMA et le Sénégal voisin, et les villages OULAD MBAREK sont cantonnés depuis lors, dans les dunes de LOUBEIRID,34 KM de ROSSO, à BOMBRI,46 KM de ROSSO(Route ROSSO-NOUAKCHOTT).Beaucoup de familles OULAD MBAREK qui vivaient des produits de la CHEMAMA ont été ainsi affectées par cette politique de l'Etat mauritanien, et en sont aujourd'hui très mécontents de voir la toponymie de leurs terres CHEMAMA changée de noms artificiels comme BAGHDAD,EL KHEIR à la place de LEGNAA,LIGUET EMBORI,BJAL,LIGUET SERBAGNA,MGHALICHE,BGHAW,AOULIG,DHARSAMBA,JREIDA,ALAGUER ,MOUSHAIB ,NKHEILAT AHMED KEDAH, etc.

- Avril 1989 : Les OULAD MBAREK ont perdu des centaines de commerce avec les événements : SENEGAL-MAURITANIE, et ceux qui ont été rapatriés dans la MOUGHATAA de KEUR MACEN, ont créé même des cellules de guérilla armée, avec des enlèvements de bétail de l'autre côté du fleuve Sénégal. EL HACEN dissuadera discrètement les membres OULAD MBAREK de cette guérilla, d'abandonner leurs activités, moyennant soutien et reconversion en Mauritanie.
- Fin 1989 : Retraite religieuse d'EL HACEN à EL HASSANIYA, localité créée pour l'occasion à ,4 KM de BOMBRI. En effet, BOMBRI est devenu village majoritaire des OULAD MBAREK et auquel se sont joints aujourd'hui, d'autres tribus maraboutiques sympathisantes des OULAD MBAREK dans le Trarza.
- 2011 : Mort de ABDEL HAY OULD HOUSSEIN, de OULAD MBAREK 1.
- 2013 et le 24 janvier, jour commémorant la naissance du prophète, mort d'EL HACEN qui fut enterré à LOUBEIRID aux côtés de son compagnon de toujours EL MAMY OULD ALIINE OULD CHEIKH MOHAMED EL MAMY, grand saint des BARIKALLA.
- Une délégation officielle de l'Etat mauritanien conduite par deux conseillers du président de la république : YAHYA OULD SIDELMOUSTAPHE et OULD AHMED DAMOU en plus du Wali du Trarza MOHAMED RARE, est venue à EL HASSANIYA présenter les condoléances du président MOHAMED OULD ABDEL AZIZ.
- De son vivant, EL HACEN a recommandé à sa famille et à toute la tribu de ne pas faire un cérémonial lors de sa mort, et de lui implorer ALLAH chacun à son niveau. Cette décision a été salutaire pour tous les OULAD MBAREK, car de toutes parts, du Sénégal jusqu'au Maroc, en passant par le Mali, chaque fraction OULAD MBAREK voulait venir à HASSANIYA, pour présenter les condoléances et louer l'héritage de HACEN qui a marqué la vie des OULAD MBAREK du sud-ouest mauritanien, pendant près de cent ans.

LES OULAD MBAREK RECONNAISSANTS AU PRESIDENT GHAZOUANI QUI A NOMME POUR LA PREMIERE FOIS, UN PREMIER MINISTRE DE CETTE GRANDE TRIBU GUERRIERE QUI A MAITRISE AUTREFOIS PARTIELLEMENT, TOUT LE TERRITOIRE MAURITANIEN, ET CE, AVANT L'EMERGENCE DE TOUT EMIRAT CONNU A CE JOUR. EN LA PERSONNE DE MOHAMED OU BILAL OULD SAMBA OULD MESSAOUD.

Cela pose la question : Les OULAD MBAREK ONT-ILS FONDE UN EMPIRE, UN ETAT, OU UN EMIRAT en Mauritanie et au Mali ?

PARTIE 2 : LES OULAD MBAREK MAITRES DE LA MAURITANIE ET DE NIORO DU SAHEL DE 1650 à 1870

1/ Qui sont les OULAD M'BAREK en Mauritanie, au SAHEL et au Maghreb ?

Sur GOOGLE, et dans WIKIPEDIA, on présente les OULAD M'BAREK comme suit :

« **OULAD MBAREK** (ou **OULAD M'BAREK, OULAD MBARIK, AWLAD M'BARIK, EMBAREK**), est une tribu guerrière de <u>Mauritanie</u>. Tribu arabe issue des <u>Banu Hassan</u> qui sont arrivés sur l'actuel territoire de la <u>Mauritanie</u> par vagues successives à partir du XVe siècle, les OULAD M'BARECK ont fondé un émirat arabe dans la zone du <u>Hodh El Gharbi</u> et du <u>Hodh El Chargui</u> (l'Est de l'actuelle Mauritanie) au XVIIIe siècle [1]. Les conflits qui les opposèrent aux alliances tribales au <u>Tagant</u> [2], avant leur implantation dans le Hodh, et ensuite dans le Hodh ont fini par les fragiliser et eurent raison de leur émirat dans la seconde moitié du XIXe siècle bien que la chefferie émirale traditionnelle ait subsisté jusqu'à l'avènement de l'État mauritanien.

Les OULAD M'BARECK ont été les précurseurs de la musique Maure et de la poésie <u>Hassanya</u> [3] dont l'un des thèmes, le T'HEYDIN ou épopée maure, central à l'époque des épopées guerrières, est inscrit sur la liste du patrimoine immatériel nécessitant une sauvegarde urgente de l'UNESCO <u>https://ich.unesco.org/fr/USL/lepopee-maure-theydinne-00524</u> [<u>archive</u>]. »

Les OULAD M'BAREK sont une grande tribu, éparpillée aujourd'hui, entre plusieurs Etats sahéliens et maghrébins :

- La Mauritanie d'abord, par ordre d'importance numérique, avec les Wilayas suivantes et par ordre : Hodh Gharbi, Gorgol, Trarza, Assaba, Hodh Chergui, et Brakna (six régions sur 13 que compte la Mauritanie),
- Le Mali ensuite, avec les cercles de Nioro du Sahel, et Kayes.
- Le Sénégal, au niveau de l'arrondissement de ROSS BETHIO.
- Le Maroc, au niveau de l'oued Draa et du Sahara occidental.
- L'Algérie, avec une minorité dans la région de Tindouf très assimilée aux TAJAKANIT.

Selon la tradition orale mauritanienne et les documents cités en référence, on s'accorde à ce que cette tribu, est descendante des tribus Hassanes venus du Maghreb, et au-delà d'Egypte et d'Arabie. Selon PAUL MARTY(3) :« A la fin du quatorzième siècle, se place un événement considérable qui allait changer la face de la Mauritanie, Cet événement, générateur de la situation actuelle, est l'arrivée dans l'Ouest saharien des bandes d'origine arabe, Cette introduction de sémites, nomades guerriers et pillards, dans un milieu berbère, devait être une cause de troubles; et comme elle devait se renouveler, les immigrants, quoique moins nombreux, allaient dompter les Berbères, leur imposer leurs conditions et modifier leur état social. » L'auteur des « tribus maures du Sahel et du Hodh », nous donne la généalogie suivante, avec l'ancêtre des OULAD M'BAREK :

GENEALOGIE GENERALE DES GUERRIERS EN MAURITANIE :

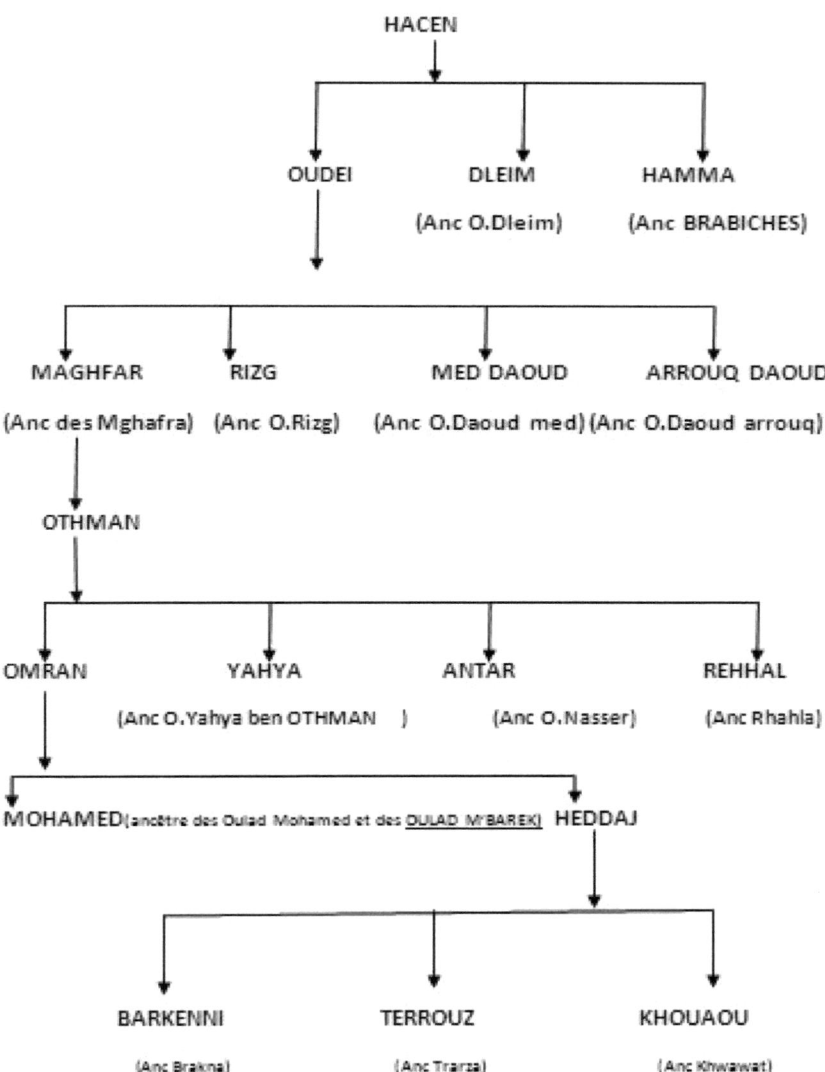

2/ UNE DOMINATION PARTIELLE DE PRESQUE TOUTE LA MAURITANIE ENTRE 1650 ET 1850

En passant par le Maghreb, les tribus Hassanes vont pénétrer à partir du nord de la Mauritanie, et au 16 S, il y avait une nette domination des OULAD M'BAREK sur les autres groupes de même lignage. PAUL MARTY disait(3) : « Au commencement de ce seizième siècle donc, la suprématie du Tiris passe aux OULAD M'BAREK. Ce n'est probablement pas sans résistance que leurs cousins OULAD RIZG leur cédèrent la place. Ni l'histoire ni la tradition n'en ont conservé le souvenir, de même qu'elles ne font pas connaitre si ces bandes de MGHAFRA arrivaient alors en Mauritanie en envahisseurs, ou si, venus un siècle plus tôt avec les premiers Hassanes, elles avaient cru et s'étaient formées sur les lieux mêmes. De la domination des OULAD M'BAREK pendant le seizième siècle, la tradition ZWAYA ne nous cite que quelques faits, visant naturellement l'oppression qu'ils faisaient subir aux marabouts. »

« Les OULAD MBAREK allaient passer, à la fin du seizième siècle, au second plan de la scène politique du Tiris, en attendant que, quelques années plus tard, ils émigrassent vers le Hodh, où ils constituent aujourd'hui la tribu que l'on connait. Cette chute parait résulter des intrigues et des ruses des ZWAYA exaspérés, qui surent mettre aux prises, le groupement des OULAD MBAREK et celui des Trarza-Brakna-Khwawat. »

On voit donc que les OULAD M'BAREK, d'après les sources de MARTY, ont maitrisé partiellement la Mauritanie du Tiris (nord de la Mauritanie) au Hodh (Est et sud Est de la Mauritanie) en passant par le centre (Tagant et Assaba).Cette maitrise territoriale et politique se faisait soit par la force, soit à travers des alliances tribales ou de paiement de GHAVER (taxe des suzerains).

En 1758, le colonel français MODAT(4) nous rapporte que les OULAD M'BAREK sont toujours en Adrar, car ils avaient chassé les OULAD BELLE suite à la bataille de ZADAG. L'auteur rapporte que cette dernière tribu, a fortement marqué l'Adrar, où il existe un massif du côté de CHOUM appelé massif des OULAD BELLE. Suite à cette défaite, ils migrèrent vers Tichit.

En se basant sur les écrits de CHATELIER (L'islam en Afrique occidentale française), le colonel MODAT(4) nous rapporte aussi qu'en 1672, le chef des OULAD MBAREK, HENOUNE, reçoit du sultan marocain Moulay Ismail, l'investiture de BAKHOUNOU. Dans ce même ouvrage, on nous rapporte, en Adrar, le combat de TADJALA (qui veut dire rocher en maure), comme suit :

Voici ce que rapporte la tradition à ce sujet :

Combat de Tadjala (2). — La guerre s'alluma à la suite des démarches d'une femme des O. M'Barek, mariée à un Masna, qui, outrée des mauvais traitements infligés à son mari par les Ideïchilli, à ce moment-là guerriers tout puissants en Adrar, alla implorer le secours des Arabes Brakna.

Tous les hassanes épousèrent la querelle de la femme des O. M'Barek et ils se rassemblèrent en grand nombre à M'Beikkatdjemou (3). De là, ils se dirigèrent vers le nord et vinrent camper à Graret el Fras (4).

Pour tromper l'ennemi sur leur force et lui donner à croire qu'ils étaient extrêmement nombreux, les Arabes, dit la légende, allumèrent beaucoup de feux pendant la nuit.

Mais les Ideïchilli, qui ne s'attendaient pas à cette attaque, étaient là en petit nombre et le lendemain il n'y eut qu'une petite action de cavalerie, où fut tué un guerrier Brakna dont on montre encore le tombeau à Ichinnar (5).

Ce récit montre les relations étroites entre les OULAD M'BAREK et leurs cousins BRAKNA qui au début, étaient des fidèles alliés, avant que les émirs du Brakna ne se retournent contre leurs parents en fin du 18 s, et ce en alliance avec les IDAW'ISH qui repousseront les OULAD M'BAREK, vers l'Est mauritanien et le Mali.

L'historien ABDALLAHI KHALIFA(6) nous relate le passage suivant dans son ouvrage :

« Dès la fin du 18 S, les OULAD M'BAREK avaient établi leur complète domination sur l'ensemble du Tagant où aidés par leurs alliés OULAD NACER et KOUNTA, ils levaient tributs (sur toutes les tribus)… Toutes les tribus maraboutiques du Tagant vont subir pendant près d'un siècle, le joug conjugué, et particulièrement lourd des Hassanes (OULAD MBAREK et OULAD NACER). »

La revue : « LA DEPÊCHE COLONIALE « Illustrée numéro 3 du 15 février 1906(Directeur J.PAUL TROUILLET) 12 rue ST GEORGES, Paris, nous apprend que MAGHFAR BEN OUDAI BEN HASSAN, surnommé « Le père de tous les Arabes »venus de l'extrême sud marocain, au début du 17 S avec son frère EMBAREK. Les noirs installés dans le Tagant furent, après de sanglants combats, chassés de la rive droite du fleuve Sénégal (certaines versions avancent qu'une partie des OULAD EMBAREK était justement restée sur place, d'où les OULAD

M'BAREK du sud-ouest mauritanien). EMBAREK et les siens se dirigèrent vers le KAARTA qu'ils saccagèrent, et où ils s'établirent. Quant aux BENI HASSAN de MAGHFAR, ils continuèrent après sa mort, à descendre vers le fleuve, refoulant sans cesse devant eux, Ouolofs et Sarracolais. Leurs chefs, fils de MAGHFAR se nommaient TERROUZE et BARKANI, sous les auspices desquels se créèrent, un jour d'inimitié, les confédérations des Trarza et des Brakna. Les OULED EMBAREK (Soudan), puissants autrefois, en pleine décadence maintenant… ». Fin de la citation de la Dépêche coloniale de 1906.

Le commandant FREREJEAN (7) nous relate aussi, les relations étroites qui existaient entre les IDAW'ISH et les OULAD M'BAREK, avant d'entrer en conflits ouverts : « Les IDAW'ISH prouvent leur valeur militaire en combattant aux côtés des OULAD M'BAREK contre les tribus du nord (victoire d'OUM HABANA près d'IDJIL en 1715) ».

Dans son livre : « Introduction à la Mauritanie », Geneviève Désiré-Vuillemin nous rapporte ceci : « Au cours du XVIIe siècle leur tentative (Les IDAWISH) de secouer le joug des Hassanes OULAD MBAREK se solda par un échec si rude qu'il leur fallut un siècle pour reconstituer leurs forces. C'est cependant en compagnie des suzerains qu'au début du XVIIIe siècle ils firent la preuve de leur valeur guerrière en aidant les OULAD MBAREK à vaincre des tribus du Nord près d'Idjil (1715).

Leur libération fut l'œuvre de Mohammed CHEIN qui fut leur chef pendant 50 ans. Il s'allia aux Hassanes OULAD TA AUAH et se ménagea l'amitié de l'Emir de l'Adrar en lui donnant sa sœur en mariage. Une série de victoires remportées sur les OULAD MBAREK (1738, 1778, 1780, 1783) contraignit ces derniers à quitter le Tagant pour le Hodh »

3/L'EMPRISE TERRITORIALE DES OULAD MBAREK ET LEURS SPECIFICITES GUERRIERES

Dans ses frontières actuelles, la Mauritanie était envahie au 17 S par des tribus dites tribus Hassanes, venues du sud marocain, dont les plus importantes étaient les descendants de OUDEI : Les OULAD DAOUD, les OULAD MOHAMMED, les OULAD MBAREK, les OULAD NACER, les OULAD RIZG, etc. Toutes ces tribus ont évolué dans l'espace national suivant le mode de vie nomade, et donc avec des déplacements saisonniers et au gré des pâturages. L'objet de notre étude étant les OULAD MBAREK, nous nous limiterons ici à l'organisation territoriale, politique, économique et sociale de cette grande tribu, qui a dominé partiellement la Mauritanie et le Sahel malien, de 1650 à 1870, soit près de deux siècles d'emprise et d'influence politico territoriale.

Les premiers émirs et princes OULAD MBAREK créèrent une organisation des campements de la tribu sous domination des aînés, notamment avec EMBAREK et MOHAMED, qui se sont imposés successivement avec un art de la guerre et un exercice de la terreur, notamment sur les tribus berbères Sanhadja qui peuplaient la Mauritanie depuis le 7 s. Se séparant de son frère HEDDAJ et de ses fils : BARKENNI, TERROUZ et KHOUAOU ; MOHAMED chef puissant des OULAD MBAREK s'appuiera d'abord, sur ses cousins OULAD DAOUD, et OULAD NACER, pour ensuite émerger tout seul et fonder les structures d'un Emirat OULAD MBAREK, qui va continuer jusqu'au 19 s avec des hauts et des bas. L'apogée de cet Emirat étant consacrée avec le règne des OULAD AMAR que MUNGO PARK a décrit (5) lors de sa captivité par leur chef de l'époque, l'Emir ELY(ALI dans le récit de MUNGO PARK).

Le règne de la dynastie des OULAD MBAREK durera environ deux siècles, et la lignée de cette dynastie sera subdivisée en plusieurs fractions et Emirs, qui tour à tour, vont bénéficier chacun du pouvoir, et d'une emprise territoriale couvrant la Mauritanie centrale, le Hodh, la zone Nioro-Kayes, et l'ouest du Sahel malien. Le système familial des OULAD MBAREK était de type patrilinéaire, avec succession notamment chez les princes de frère aîné à frère cadet. Les enfants mâles étaient dès leur jeune âge, confiés à leurs oncles paternels ou maternels, qui se chargeaient de leur éducation et même de leur mariage, pour s'assurer de la lignée et du pur-sang OULAD MBAREK. Ils n'empêchent que certains princes aient dévié de cette règle, notamment en se mélangeant avec des femmes issues de royautés maliennes. On dit généralement en Mauritanie, « qu'il n'y a de véritable fraternité qu'entre les fils de la même mère. Les frères ennemis, jaloux et rivaux, sont les frères uniquement consanguins ». Une fois, les princes éduqués selon les valeurs MBARKI, ils allaient vivre dans leur famille maternelle auprès de laquelle, ils trouvaient aide matérielle et morale nécessaire, pour franchir les différentes étapes successives, leur permettant d'accéder au trône émiral. Ce système familial des OULAD MBAREK va leur poser problème avec des rivalités incessantes et surtout des intrigues entre frères consanguins, entrainant ainsi l'effritement du pouvoir des OULAD MBAREK, l'éclatement de leurs royaumes nomades en petits émirs locaux, et au FINISH, des guerres sans fin entre princes (voir chronologie). Cet affaiblissement va profiter aux IDOUAICH en fin 18/19 S, et aux MECHDHOUFS qui vont reprendre leur autonomie au détriment des OULAD MBAREK et leurs alliés OULAD NACER, qui tous deux s'affaibliront progressivement à l'arrivée de la colonisation française. Il faut dire, qu'il n'était pas aisé de diriger des fractions émirales nomades et reparties en plusieurs contrées. Les distances et l'enclavement saisonnier aidant, beaucoup de fractions OULAD MBAREK se croyaient chacune, incarnant l'émirat localement, et ce au détriment de l'émir principal désigné toujours, avec tant de difficultés et de grincements entre princes. A force d'attendre leur tour du trône OULAD MBAREK, certains princes ont choisi l'exil comme MOHAMED ALI BOU HODEL, que l'on retrouve en 1850 avec les Bambaras à SEGOU, guerroyant contre les français. PAUL MARTY (1) signale dans la légende des TOUAREGS frontaliers de l'Est mauritanien, un certain KARIDENNA, premier chef des OULLIMIDEN, et qui est le fils d'un certain MOHAMMED des OULAD MBAREK du HODH, nationalisé chez les KELL TADMEKKET, et qui épousa une de leurs femmes, à la suite de sa bravoure, mise au service de ses hôtes. DEDUCTION : Avec le surplus des émirs en attente chez les OULAD MBAREK, certains princes étaient donc forcés d'exercer leur talent de bravoure ailleurs, comme décris ci-dessus, avec l'exemple de BOU HODEL et de KARIDENNA : l'un chez les Bambaras, l'autre chez les Touaregs. La légende en Mauritanie, rapporte également plusieurs cas similaires de descendances OULAD MBAREK ayant cherché TALENT ailleurs et hors de la HELLA de l'Emirat.

4/STRUCTURE DU POUVOIR DE L'ETAT DES OULAD MBAREK

Le pouvoir étatique OULAD MBAREK était composé de :

- L'émir et sa cour (LA HELLA de l'émir : composée de frères, de cousins et de guerriers indépendants ou issus de la tribu, ayant fait leur preuve au combat) qui exerçait le pouvoir exécutif. Chaque émir avait sa suite, ses partisans et son domaine local sise aux alentours de la HELLA centrale, prêt à s'engager lors d'expéditions décidées par l'émir principal au pouvoir (Avec les divisions entre princes, nous verrons que certains émirs n'obéissaient plus aux ordres, et ce lors de la décadence de l'Etat OULAD MBAREK au 19 S)

- Les chefferies des autres tribus alliés ou solidaires et qui peuvent être d'origine berbère ou même étrangères, (comme à un moment donné l'alliance des DIAWARA et des OULAD MBAREK de Nioro).
- Les vassaux composés spécifiquement d'esclaves et de tributaires dévoués à l'émir OULAD MBAREK au pouvoir.
- Les préleveurs de taxes (notamment taxe GHAFER, taxe de protection d'une tribu, taxe sur les récoltes des villages noirs sédentaires, taxe sur les caravanes, et commerçants libres traversant les territoires sous contrôle des OULAD MBAREK /in voir le montant des taxes qu'imposait l'émir ELY aux commerçants venant d'Algérie et du Maroc, et se rendant à Tombouctou, et décrites par MUNGO PARK(5).
- Les messagers de l'émir qui sont déclarés solennellement en tant que tels.
- Les cadis consultés par la cour émirale de l'Etat, qui sont issus de tribus lettrées, très considérées par les OULAD MBAREK comme les CHORFA, les KOUNTA, les TENWAJOU, ou encore les LAGHLAL.
- Les griots chanteurs de l'émir au pouvoir et rapporteurs des épopées de combats des princes, ainsi que de leurs chevaux (**car le cheval pur-sang OULAD MBAREK a aussi un rôle dans les combats.)**

Le pouvoir des émirs OULAD MBAREK était très centralisé, mais néanmoins les tribus soumises avaient la liberté d'agir localement, et ce en concertation avec l'émir principal ou les princes OULAD MBAREK désignés par celui-ci à cet effet, pour suivre tel ou tel tribu. Si un chef de tribu soumise en vient à contrarier un émir des OULAD MBAREK, cette tribu est aussitôt sommée de remplacer son chef, et ce, pour ne pas perdre le privilège de la protection de toutes les fractions OULAD MBAREK réunies. Ces dernières peuvent contracter chacune, une alliance avec n'importe quelle autre tribu, sollicitant la protection générale des OULAD MBAREK, mais toujours, en concertation avec l'émir régnant.

5/L'ETAT CENTRAL DES OULAD MBAREK ET LES AUTRES MINI EMIRATS DES FRACTIONS OULAD MBAREK :

Les mini Emirats des fractions OULAD MBAREK sont divers et à chefferies comme par exemple : les EHEL HENOUNE OULD BOUCEIF, AWLAD EL ALYA, EHEL ELY OULD AMAR, les OULAD GHWEIZI, les EHEL GUACHOUCHE, les OULAD BOU

HODEL, ETC. MUNGO PARK rapportait : « Les Maures de cette partie de l'Afrique sont divisés en plusieurs tribus indépendantes. Suivant ce que j'ai appris sur les lieux, les plus redoutables de ces tribus sont celles de TRASART et d'Il-BRAKEN, qui habitent sur la rive septentrionale du Sénégal. Les tribus (OULAD MBAREK) de GEDINGOUMA, de JAFNOU et de LUDAMAR, quoique moins nombreuses que les deux premières, sont puissantes et belliqueuses. Chaque tribu est gouvernée par un chef ou roi, qui jouit d'une autorité absolue. »PAUL MARTY écrivait en 1921(1) : « Les Européens de l'époque 1790(MAJOR HOUGHTON et MUNGO PARK, ont fait d'OULD OMAR (OULD AMAR) « LOUDAMAR »et ont désigné par ce nom, la souveraineté, le royaume, si l'on veut des OULAD MBAREK ».

Quant aux royaumes constitués des OULAD MBAREK, notre recherche se limite à présent, aux descriptions faites par MUNGO PARK qui cite quatre entités OULAD MBAREK, à des degrés divers de puissances militaires et territoriales :

- **a) Le plus puissant et celui qui a le plus vécu : le royaume de LOUDAMAR-LUDAMAR (OULAD AMAR) 1780/1880, (avec chef ELY/ALI, dans le récit de MUNGO PARK).** MUNGO PARK disait : « Quand ce prince (au Mali) me vit déterminé à continuer mon voyage, il me dit qu'il restait encore une route à suivre, mais qu'elle n'était pas exempte de danger ; qu'il fallait me rendre du KAARTA dans le royaume de LUDAMAR, habité par les Maures, et que de là je pourrais, en faisant un détour, pénétrer dans le Bambara ; que si je voulais prendre ce chemin il me donnerait des gens pour me conduire jusqu'à JARRA, ville frontière du LUDAMAR. » ….. « Le 18 février, à la pointe du jour, nous nous remîmes en route. A huit heures, nous passâmes près de SIMBING, petite ville frontière du royaume de LUDAMAR. Cette ville est entourée d'une haute muraille, et située dans un étroit défilé entre deux montagnes rocheuses »…….. « La ville de JARRA est très grande, ses maisons sont bâties en pierre et en argile, c'est-à-dire que l'argile y sert de mortier. Cette ville est située dans le royaume maure de LUDAMAR, mais la plupart de ses habitants sont des Nègres qui sortent des Etats du Midi et préfèrent de payer un tribut aux Maures pour obtenir leur incertaine protection que de rester exposés chez eux à leurs agressions et à leurs rapines.

Le tribut qu'ils paient est considérable ; ils sont d'ailleurs obligés de montrer aux Maures un profond respect et une obéissance illimitée, tandis que ces tyrans orgueilleux les traitent avec non moins de dureté que de mépris. »

« Les Maures du LUDAMAR et des autres royaumes limitrophes de la Nigritie ressemblent tellement aux mulâtres des Antilles et des autres parties de l'Amérique qu'il n'est pas possible d'en faire la différence ; aussi est-il certain qu'ils sont un mélange des Maures du nord de l'Afrique et des Nègres du Midi, et qu'ils possèdent les plus mauvaises qualités des deux races dont ils descendent. Ces tribus maures se distinguent des habitants des côtes de Barbarie, dont elles sont séparées par le grand désert. Tout ce qu'on sait sur leur origine se trouve dans Léon l'Africain. »…. « Vers les cinq heures, nous découvrîmes BENOWM, résidence d'Ali (Roi du LUDAMAR). Son camp offrait le spectacle d'un grand nombre de tentes, semées sans ordre sur un vaste terrain, et au milieu desquelles étaient de grands troupeaux de chameaux, de bœufs et de chèvres. » … « Le LUDAMAR est borné au nord par le grand désert de Sahara »

- **b) le royaume de GEDUMAH**. A ce propos MUNGO PARK disait(5) : « TIESIE étant une ville frontière et devant probablement être exposée, durant la guerre, aux **incursions des Maures du GEDUMAH**, TIGGITY SEGO(prince local malien) avait, avant mon arrivée, fait demander ou acheter des vivres dans tous les villages voisins, afin que la ville fût approvisionnée pour un an, indépendamment de ce que pouvait fournir la récolte qui était sur pied, mais qui pouvait aussi être détruite par les Maures ».Et d'ajouter : « Ces deux branches de commerce sont presque entièrement entre les mains des Mandingues et des Serawoullis qui se sont établis dans le pays. Les mêmes marchands font aussi un trafic considérable avec **le royaume de GEDUMAH et les autres pays des Maures,** où ils portent du grain et des toiles de coton bleues pour avoir du sel, qu'ils échangent ensuite, dans le Dentila et dans les contrées voisines, contre du fer, du beurre végétal et de la poudre d'or. Ils vendent, en outre, plusieurs sortes de gommes odorantes, renfermées dans de petits sacs qui en contiennent environ une livre chacun. Lorsqu'on jette un peu de ces gommes sur des cendres chaudes, elles répandent une odeur très agréable. Les Mandingues s'en servent pour parfumer leurs chaumières et leurs vêtements. »

- **c) Principauté de GEDINGOUMA** (on a que le récit de MUNGO PARK qui cite cette principauté OULAD MBAREK, des recherches orales et des archives doivent être effectuées au Mali). Des chroniqueurs locaux rapportent que cette principauté a été sous le joug d'un émir OULAD MBAREK (ELY ? HENOUNE ?) pendant une certaine période, avant de passer sous le contrôle définitif des Bambaras.
- **d) Territoire de JAFNOU** (cité également par MUNGO PARK, des recherches complémentaires sont nécessaires).

6/L'ART DE LA GUERRE ET LA MOBILISATION ARMEE CHEZ LES OULAD MBAREK

Le pouvoir des émirs OULAD MBAREK a vécu pendant deux siècles grâce à une organisation militaire adaptée au contexte nomade de la Mauritanie, accompagnée d'une formation sans précédent des princes à l'art de la guerre. Durant cette formation, on appliquait surtout les fondements de vaincre la peur, dont le griot OULD AWA en évoquait les principes dans ses louanges et chansons sur « l'Emirat ». Quant à la guerre, elle était engagée par les OULAD MBAREK dans les cas suivants, et ce **dans l'ordre** :

- Dans le cas d'une tribu, qui a déshonoré ou maltraité un émir OULAD MBAREK, ou sa suite.
- Dans le cas d'une tribu, qui a refusé les taxes de l'Etat ou qui a mis en question le pouvoir émiral.
- Dans le cas de royaumes maliens en alliance avec les OULAD MBAREK et ayant sollicité l'appui de ces derniers. A ce propos MUNGO PARK écrivait : « MANSONG (roi Bambara) fit demander à Ali, roi de LUDAMAR, deux cents cavaliers pour l'aider à attaquer la porte septentrionale de GEDINGOUMA et se rendre maître de la place. »
- Dans le cas de convoitises entre princes rivaux.

L'armée de L'Etat OULAD MBAREK était la mieux préparée de toutes les tribus nomades de Mauritanie. L'entrainement était obligatoire pour tout jeune MBARKI qui doit faire ses débuts, avec ses oncles et autres guerriers aux services de la tribu. L'éducation militaire commençait d'abord avec les arcs et les flèches, pour se terminer ensuite avec les fusils et la diligence des chevaux pur-sang des OULAD MBAREK(MEZOUZA).Ces derniers sont entrainés aussi bien aux combats qu'à la rescousse de cavaliers en cas de blessures, lors des expéditions militaires(Le cas de KREIKIBA, cheval pur-sang évoqué, par PAUL MARTY dans la bataille des environs de Kiffa contre les MECHDOUFS et leurs alliés(1) .Les composantes de l'armée OULAD MBAREK, lors des mobilisations militaires étaient les suivantes :

- Les princes OULAD MBAREK dirigeant chacun une unité,
- Les guerriers avalisés en éclaireurs et en avant-garde,
- Les esclaves et les tributaires,
- Les groupements alliés issus de tribus ou de cousinage.

Chaque catégorie était rémunérée au prorata de sa participation avec parfois des suppléments attribués par l'émir OULAD MBAREK si tel ou tel cavalier s'est distingué. Les familles des morts aux combats sont servies directement en butins de guerre, et parfois prises en charge par le cabinet de l'émir en cas de nécessité. Ce principe a fait la solidité de l'armée OULAD MBAREK et a encouragé notamment, les libres et les guerriers de toutes parts de Mauritanie, à s'engager avec toutes expéditions menées par les OULAD MBAREK. Il y aussi le fait que les OULAD MBAREK étant les plus puissants à l'époque et on dit généralement dans le pays, que le plus fort absorbe toujours, et s'incorpore les petits et les neutres.

7/LES EMIRS OULAD MBAREK TOUJOURS MEFIANTS, AVISES, PRENANTS LEURS PRECAUTIONS, ET SUR LEURS GARDES EN PERMANENCE :

La tradition rapporte que le guerrier OULAD M'BAREK doit être toujours sur le qui-vive, attentif et scrutant toujours les signes ou les prémices d'un ennemi virtuel. Ces signes peuvent être le gémissement anodin d'un cheval, l'aboiement d'un chien ; une odeur de munitions, un objet déplacé, etc.

MUNGO PARK disait d'ALI(ELY) chef des OULAD AMAR en 1790 : « Je remarquai, en cette occasion, qu'Ali n'avait pas passé la nuit dans sa tente, car il sortit d'une autre petite tente très éloignée. Il montait un cheval blanc, et il vint au galop vers ma cabane. Ce tyran cruel et soupçonneux se défiait tellement de tous ceux qui l'approchaient que même les esclaves attachés à sa personne ne savaient jamais où il couchait. »…. « Ali de LUDAMAR au visage fier et cruel »

«Ali(ELY) montait ordinairement un cheval blanc dont la queue était peinte en rouge. Jamais il n'allait à pied que pour se rendre à l'endroit où il faisait ses prières. La nuit, on tenait toujours au piquet, à peu de distance de sa tente, trois ou quatre chevaux sellés. » « . Le roi (OULAD MBAREK) de LUDAMAR, Ali, était de ce nombre. » **(MUNGO PARK parle donc de roi pour les OULAD MBAREK)**

« Mais le soupçonneux Ali craignait tellement d'être empoisonné qu'il ne mangeait ni ne buvait que ce qu'il faisait préparer devant lui. Il fit tuer un jeune bœuf ; on en coupa la viande par tranches, et on la fit sécher au soleil. Cette viande et deux sacs de couscous sec furent toutes les provisions du voyage. »

« Avant le départ d'Ali, les habitants noirs de la ville de BENOWM vinrent, suivant la coutume, lui montrer leurs armes et lui payer leur tribut annuel de blé et de toile. Ils étaient mal armés. Vingt-deux d'entre eux avaient des fusils ; quarante à cinquante, des arcs et des flèches, et un pareil nombre d'hommes et de jeunes garçons n'avait que des lances. Ils se tinrent rangés devant la tente d'Ali, jusqu'à ce que leurs armes fussent examinées et quelques petites disputes terminées...

Le 16 avril à minuit, Ali quitta sans bruit son camp de BENOWM. Il ne prit avec lui qu'un très petit nombre de ses gens, et il annonça qu'il serait de retour dans neuf ou dix jours.»

8/LE PROFIL D'UN EMIR ET CAVALIER OULAD MBAREK : CHARISME ET STATURE IMPOSANTE DES PRINCES FAISANT GRANDE IMPRESSION CHEZ L'INTERLOCUTEUR

Certains auteurs comme le Major HOUGTON, ont décrit les princes OULAD M'BAREK comme étant des colosses et avec des regards effrayants.

Mungo Park écrivait aussi : « ils(Les OULAD MBAREK) ont dans la physionomie quelque chose de désagréable que n'ont point les mulâtres. Je crois avoir lu, sur le visage de la plupart d'entre eux de la disposition à la perfidie et à la cruauté, et toutes les fois que je les ai contemplés attentivement, je n'ai pu me défendre de beaucoup d'inquiétude. **Ils ont dans les yeux un égarement sauvage, qui fait qu'un étranger les prend au premier abord, pour un peuple de fous. »**

« Le **roi du LUDAMAR** est toujours vêtu d'étoffes bien plus belles que celles des autres Maures. Il porte tantôt de la toile de coton bleue, qui vient de TOMBUCTOU, tantôt de la toile de lin ou de la mousseline, qu'on achète au Maroc. **Il a aussi une tente plus grande que les autres, et remarquable par la toile blanche qui la couvre.** Mais d'ailleurs, il oublie fréquemment avec ses sujets, toute espèce de distinction de rang. Il n'est pas rare de le voir manger dans la même jatte, et se coucher, pendant la chaleur du jour, sur le même lit que le conducteur de ses chameaux » MUNGO PARK(5)

9/HARNACHEMENT ET MANIEMENT DU CAVALIER OULAD MBAREK

MUNGO PARK disait : « les Maures du LUDAMAR (Les OULAD MBAREK) sont de très bons cavaliers. Ils montent à cheval sans crainte. Ils ont des selles dont les arçons de devant et de derrière, sont si hauts qu'ils y sont bien en sûreté, et, si par hasard ils tombent de cheval, leur pays est tellement couvert de sable qu'ils ne se font presque jamais le moindre mal. **Ce qui flatte beaucoup leur orgueil, et fait un de leurs principaux amusements, c'est de faire galoper un cheval ventre à terre, et de l'arrêter tout à coup en tirant la bride de manière à donner à l'animal une si forte secousse qu'il en est souvent déhanché.**

« Chaque cavalier se fournit lui-même son cheval et son armure, qui consiste en un grand sabre, un fusil à deux coups, un sachet de cuir rouge pour mettre les balles et une poire à poudre qu'on porte en bandoulière. Les cavaliers n'ont d'autre paye ni d'autre récompense que ce qu'ils enlèvent par le pillage. »La moitié de tout butin doit être distribué aux nécessiteux, aux marabouts et aux griots.

10/LES REINES OULAD MBAREK

« Les occupations de ces femmes varient suivant le degré de fortune de leurs maris. La reine Fatima et quelques autres font comme les grandes dames d'Europe. Elles passent leur vie à causer avec ceux qui viennent les voir, à dire des prières et à applaudir à leurs charmes devant un miroir. Les femmes d'une classe inférieure s'occupent des soins du ménage. Elles sont vaines, parleuses, » .... « Les Maures (du LUDAMAR) ont de singulières idées sur la beauté des femmes. Ils ne font grand cas ni d'une taille élégante, ni d'une démarche agréable, ni d'une physionomie remplie d'expression. Mais chez eux la corpulence et la beauté paraissent synonymes »

« Il faut pourtant observer que souvent elles ne sortent que voilées depuis la tête jusqu'aux pieds ».

« Fatima (Reine et femme d'ELY, roi OULAD MBAREK du LUDAMAR) était de la caste des Arabes. Elle avait de longs cheveux noirs et une excessive corpulence. Il me sembla d'abord qu'elle était choquée de voir un chrétien aussi près d'elle. »

11/L'IMPORTANCE DES CHEVAUX (MEZZOUZA) PUR SANG DES OULAD MBAREK

MUNGO PARK écrivait : « Le courage entreprenant des Maures (OULAD M'BAREK), la connaissance qu'ils ont du pays, et **surtout la vitesse de leurs chevaux**, les rendent des ennemis très dangereux, et les petits royaumes nègres situés près du désert sont dans des terreurs continuelles »

« . Les Maures (du LUDAMAR) attachent un très grand prix à leurs chevaux, car c'est à la vitesse de ces animaux qu'ils doivent la facilité de faire tant d'excursions dévastatrices dans les pays appartenant aux Nègres. Ils les pansent trois à quatre fois par jour, et le soir ils leur donnent ordinairement une grande quantité de lait doux, que ces animaux paraissent aimer beaucoup. »….. « Il m'est impossible de dire avec exactitude à quoi s'élève le nombre des Maures qui vivent sous les lois d'Ali. Les forces du LUDAMAR sont sa cavalerie. **Cette cavalerie est bien montée et paraît très adroite à escarmoucher et à attaquer par surprise**. Chaque cavalier se fournit lui-même son cheval et son armure, qui consiste en un grand sabre, un fusil à deux coups, un sachet de cuir rouge pour mettre les balles et une poire à poudre qu'on porte en bandoulière. Les cavaliers n'ont d'autre paye ni d'autre récompense que ce qu'ils enlèvent par le pillage. Ils ne sont pas en très grand nombre, car lorsqu'Ali était en guerre avec le Bambara je sus que son armée n'était composée que d'environ **deux mille hommes de cavalerie. « « Les chevaux des OULAD MBAREK, sont extrêmement beaux ; et on les estime tellement que pour en avoir un, les princes nègres donnent quelquefois de douze à quatorze esclaves.**

12/L'EDUCATION DES PRINCES MBARKIS ET LES SEPT PRINCIPES POUR VAINCRE LA PEUR DANS LA TRADITION DES OULAD MBAREK :

1/Savoir que dès la naissance, on doit mourir chaque jour, chaque nuit et à chaque instant (Ainsi on banalise la mort, dès l'enfance pour chaque MBARKI).On ne doit pas fuir la mort, car c'est la volonté d'ALLAH.

2/Mourir et aller dans l'autre monde, sont des choses qui se passent sous la miséricorde d'ALLAH, qui a créé chaque individu, et programmé son destin de mort. Un MBARKI doit s'acquitter juste, des cinq piliers de l'islam, le reste relève de la clémence d'ALLAH, qui est miséricordieux envers toutes ses créatures.

3/On doit mourir de quelque chose, et ce quelque chose doit être en premier lieu : l'honneur et la parole donnée. La guerre légitime est un honneur à y participer.

3/Tous les individus sont des espèces de la nature, qui ont peur d'un MBARKI à condition qu'il soit courageux et téméraire, et qu'il ne fuit jamais.

4/Apprend le courage et la témérité en bravant tout ce qui peut faire peur aux individus (fauves, soif, faim, combat)

5/Utilise tous les outils et l'intelligence en ton pouvoir, pour être toujours le plus fort, et le plus rusé. Ton arme étant l'outil principal, ne t'en sépare jamais.

6/Quand tu marches, ne regarde jamais derrière toi.

7/Ne te rassasie jamais, pour que tu ne sois pas malade et afin que tu sois toujours éveillé et vigilant, à tout mouvement ou fait anodin.

Des éducateurs guerriers étaient chargés de former les jeunes MBARKIS sur ces principes, dès leur jeune âge, et avec en pratique, des sorties pour affronter les fauves, et passer les nuits dans des contrées sauvages. Dans tous les cas, le courage était un préalable, pour tout jeune M'BARKI.

Dans sa description en 1799, du royaume maure OULAD M'BAREK de LUDAMAR (département de Nioro du Sahel au Mali), MUNGO PARK disait (5) : « Les jeûnes fréquents et rigoureux que leur prescrit leur religion et les pénibles voyages qu'ils font à travers le désert les rendent capables d'endurer la faim et la soif avec un courage étonnant. » Tous les groupes de jeunes du même âge chez les OULAD MBAREK, étaient en fait des initiés et soumis à de rudes épreuves pour bien les préparer à l'endurance. Une fois que le jeune MBARKI a bien réussi dans ces épreuves, il doit se soumettre à un rituel de rasage de cheveux, et ce lors de cérémonies solennelles organisées par sa famille en présence des griots et du public.

13/LES SEPT VALEURS SACREES DES OULAD MBAREK :

- Mourir avec la CHEHADA,
- L'honneur,
- La parole donnée,
- Le courage,
- La générosité,
- La témérité,
- La protection accordée à tout fugitif (entrant dans la cour d'un prince ou dans l'emprise territoriale de l'Etat OULAD MBAREK)

14/LES RESSOURCES ECONOMIQUES DE L'EAT OULAD MBAREK

« Toutes les marchandises qui passent dans le pays doivent aussi des droits au roi, droits qui sont toujours prélevés en nature ; mais la plus grande partie des revenus de ce prince provient du pillage et des extorsions. Les Nègres qui habitent le LUDAMAR et les marchands qui y voyagent tremblent de paraître riche. Ali (roi du LUDAMAR) a dans toutes les villes de son royaume des espions chargés de lui rendre compte de la fortune de ses sujets, et souvent, il invente de frivoles prétextes pour s'emparer du bien de ceux qui sont opulents, et pour les réduire au niveau des autres. »

Les autres ressources du royaume OULAD MBAREK étaient constituées principalement de troupeaux d'élevage, venant de tributs imposés sur les tribus vassales et les villages maliens sous la protection de l'Emirat. Ces derniers payent souvent le GHAFER aux OULAD MBAREK, en céréales et dont la gestion est confiée à des villages OULAD MBAREK sédentarisés qui les stockent dans des greniers.

15/L'IMPORTANCE PARTICULIERE DES GRIOTS OULAD MBAREK

Le griot dans les royaumes et Emirats OULAD MBAREK était présent dans la cour de chaque prince. C'était le narrateur et le cantateur de toute action marquante d'un émir. Le griot assistait même aux combats, et faisait un rapportage minutieux des opérations militaires allant jusqu'à composer en musique, le bruit du trot des chevaux MEZZOUZA. Les griots ont ainsi acté les épopées OULAD MBAREK, à tel point que la musique dédiée à cette tribu, est présente de nos jours, dans la composition de tout musicien mauritanien, marocain ou malien. Il y a 20 ans, 70% de la musique maure traditionnelle en Mauritanie était dédiée aux OULAD MBAREK. En cela, ils ont rendu les OULAD MBAREK célèbres, plus que toutes autres tribus. C'est peut-être là où réside la nostalgie et la compassion des mauritaniens et autres sahélo maghrébins, pour les OULAD MBAREK, 400 ans après la disparition de leurs royaumes et leurs Emirats. En réalité, dans ses grands fondements, la musique maure traditionnelle a été héritée en partie des épopées OULAD M'BAREK. Certains griots mauritaniens affirment même, que la musique maure a été créée spécialement pour les OULAD M'BAREK (voir les interviews d'OULD AWA) et qu'ensuite les Emirats qui leur ont succédé dans le pays, ont entrepris le même cheminement pour façonner à leur tour, la musique maure traditionnelle, maïs avec le sel en moins, comme on dit en Mauritanie.

Dans les sites INTERNET, in OULAD M'BAREK, il est écrit ceci (ELY KROMBELE): « Toujours est-il que les Berbères islamisés, dont les plus célèbres furent les Mourabitounes n'avaient pas de griots. D'ailleurs, un adage maure illustre bien cette affirmation depuis les temps immémoriaux, et qui disait que le griot ne peut être l'ami du marabout. Il faut attendre l'arrivée de la tribu Arabe des OULAD M'BAREK, principalement repartie entre les deux Hodhs et l'Assaba, jouxtant la frontière malienne. C'est de la proximité de l'Empire du Mali que les OULAD M'BAREK eurent leur premier griot. Qu'importe son statut social car il pouvait être un arabe, un soudanais, un berbère pourvu qu'il fasse de la musique et satisfasse l'aristocratie OULAD MBAREK ».

Le même document ajoute : « Il est indéniable que le répertoire musical maure ou EZAWANE, relatant l'épopée des OULAD MBAREK et des autres tribus guerrières de Mauritanie, ne soit imbibé de la sémantique Soninké du BAGHOUNOU, du KAARTA, de KINGUI (près de KOBENNI) ou BAMANAN du Mali.

Les « CHORS » que les griots maures ont immortalisés, sont souvent à connotation soninké ou bambara tels ; VAGHOU, GHRINGUE, SIGNIME, BERE ou NOUWEFEL, ce « monstre » venu de la contrée de ZARA ou GASSAMBARA, en plus des noms de guerre tels ; DICKO, SIBY, BABY, SOGHOFARA, DIENG, FALL, etc.. Sont autant de preuves matérielles qui dénotent de l'influence de nos inconditionnels voisins du Sud, sur la culture des arabes de Mauritanie. La romancière Antillaise Maryse Condé dans « Ségou » évoque les échanges amicaux, souvent conflictuels entre les princes OULAD MBAREK et les Mansas (princes) du royaume bambara de Ségou. » ELY KROMBELE

Incontestablement les OULAD M'BAREK ont usé de l'influence de leurs griots, c'était en quelque sorte leur quatrième pouvoir. Ainsi, tous leurs exploits étaient rapportés par « leurs médias » de l'époque, que sont les griots.

Selon la tradition, qui m'a été rapportée par mon père, EL HACEN OULD AHMED SALEM, « il y avait chez les OULAD M'BAREK, deux sortes de griots :
- Les griots chanteurs,
- Et les griots citateurs.

Ces derniers accompagnaient tout le temps, les princes OULAD M'BAREK et rapportaient leurs faits d'armes ; leurs dires et leurs exploits.
Quant aux griots chanteurs, ils traduisaient les exploits en modes musicales. Parfois même, les griots étaient si proches des princes OULAD M'BAREK que c'étaient eux, qui étaient chargés de les réveiller avec des airs musicaux. Les griots servaient aussi, comme conseillers aux princes, transmettaient la tradition et éduquaient en musique les jeunes OULAD M'BAREK. La familiarité entre griots et princes OULAD M'BAREK était telle, que certains disaient que pour avoir les faveurs des OULAD MBAREK, il fallait d'abord passer par leurs griots. »

16/COMMENT LES GRIOTS GALVANISAIENT LES GUERRIERS OULAD MBAREK ?

- Les griots OULAD MBAREK ont inventé le THEYDIN, afin d'enhardir les armées expéditionnaires OULAD MBAREK. De même qu'ils ont composé le VAGHOU, qu'on dit explosif pour le sang et faisait monter l'adrénaline. Ce mode VAGHOU dans la musique maure traditionnelle, était dédié spécialement aux guerriers OULAD M'BAREK, afin de les galvaniser davantage dans la guerre et les combats. Ce mode VAGHOU fait vibrer effectivement le sang dans le corps, et certains guerriers de nos jours, fussent-ils OULAD M'BAREK ou non, n'hésitent pas à afficher physiquement des frissons, en entendant chanter le VAGHOU.

-   Dans les faits, et lorsqu'on écoute aujourd'hui, le vrai VAGHOU, ça donne réellement des frissons au corps, et des sensations faisant croire qu'on peut se dépasser, et tenter ainsi toute action qui n'était pas dans vos possibilités.
-   La légende en Mauritanie raconte aussi qu'un prince MBARKI a été blessé au combat et que la blessure était si grave qu'on devait lui amputer la main et que personne n'ose annoncer au prince, ce remède nécessaire. Un sage de la HELLA, préconisa d'amener les griots aux fins de chanter les épopées du prince blessé et durant la musique, on pourra alors amputer la main enflée du prince qui est sous l'effet de la galvanisation et des louanges.
-   **LEGUETRI OU LE COMPOSE MUSICAL D'AWLAD AL ALYA AU PETIT DEJUENER** : En effet, il est de tradition consacrée, qu'on ne peut réveiller les princes de cette fraction, qu'avec un composé musical qui leur est réservé dit **LEGUETRE** joué encore de nos jours, par les griots en Mauritanie.
-   MICHEL GUIGNARD (8) disait des griots des guerriers maures : « Leur fonction principale, héréditaire, était de montrer que le prince, descendant d'une noble lignée, était un homme exceptionnel par son courage et sa générosité, donc le meilleur pour occuper ses fonctions : une entreprise de légitimation du pouvoir acquis par les armes et de dénigrement des ennemis. Les griots devaient **stimuler l'ardeur des guerriers en leur rappelant les vertus et exploits de leurs ancêtres.** Leurs atouts étaient la liberté de leur parole, que n'entravaient pas la pudeur et la réserve qui s'imposent aux nobles, ainsi que leur musique qui ajoutait à l'éloquence de leur verbe, **une charge émotionnelle puissante……..**
    Tous les pouvoirs émergeants de la région (sahélienne et saharienne) ont eu le souci de disposer d'un tel vecteur de propagande. »

DES GRIOTS EN VENAIENT A SE SUICIDER SI LEUR PRINCE OULAD MBAREK MOURAIT OU PERDAIT UN COMBAT/DANS LE MEME CAS, LE GRIOT EN VENAIT A S'AUTO-COMDAMNER ET NE PLUS JAMAIS CHANTER.

POURQUOI TOUTES LES COUCHES SOCIALES ET INDIVIDUS DE MAURITANIE SONT PASSIONNES JUSQU'A PRESENT PAR LES FAITS ET LA MUSIQUE OULAD MBAREK ?

POURQUOI AUJOURD'HUI CERTAINES TRIBUS, FRACTIONS ET FAMILLES S'INVENTENT DES GENEALOGIES LES RATTACHANT AUX OULAD MBAREK ?

POUR REPONDRE A CES QUESTIONS :

- UNE ENQUÊTE SOCIOLGIQUE doit être menée dans toute la Mauritanie, au Maroc, en Algérie et au Mali, avant que les générations de référence ne disparaissent.

NOUS LANCONS UN APPEL A TOUTES LES BONNES VOLONTES POUR LANCER CETTE ENQUETE, et nous nous portons volontaires pour élaborer le questionnaire et analyser les résultats.

17/RECUEIL DE POESIE SUR LA CIVILISATION ET LES VALEURS OULAD MBAREK :

UN APPEL AUX CHERCHEURS POUR LA REALISATION, AVEC LES THEMATIQUES SUIVANTES :

- Recueil sur les valeurs OULAD MBAREK,
- Recueil sur les individualités et émirs OULAD MBAREK,
- Recueil des compositions musicales dédiées aux OULAD MBAREK, en accompagnement de la poésie en Mauritanie, au Maroc, en Algérie et au Mali.
- Etc.

18/ERREZAM OU LE CELEBRE TAMBOUR DES OULAD MBAREK

Le célèbre TAM-TAM ou tambour OULAD MBAREK dit ERREZAM, a inspiré plus d'un musicien et batteur en Mauritanie, avec ses sons et ses séquences. En effet, les rythmes de ce tambour, étaient connus par toutes les populations de l'ouest Malien, et de l'Est mauritanien :

- il y avait les sons d'ERREZAM pour la guerre,
- il y avait d'autres résonances pour le déplacement et les tournées des princes,
- Enfin, il y avait d'autres sons de ce tambour qui annonçaient la mort de telle ou telle célébrité OULAD M'BAREK.

Il faut noter qu'aujourd'hui, une localité OULAD M'BAREK au Hodh El Gharbi a pris comme appellation le nom d'ERREZAM.

19/LES RAPPORTS EXTERIEURS DE L'ETAT TRANSFRONTALIER DES OULAD MBAREK

A/Les rapports des OULAD MBAREK avec le royaume du Maroc

Il faut rappeler ici, que l'ancêtre lointain des OULAD MBAREK, OUDEI, comme d'ailleurs, l'ancêtre de la plupart de toutes les tribus Hassanes, venait du sud marocain. Les affinités tribales, culturelles et sociales sont donc très étroites entre les familles OULAD MBAREK restées au Maroc, et les autres fractions qui ont envahi la Mauritanie et le Sahel malien. Au niveau politique, nous relatons les faits suivants rapportés par MUNGO PARK en 1795 et PAUL MARTY en 1921 :

- 1725 : HENOUNE AL ABEIDI occupa le BAKHOUNOU (Mali-Mauritanie) contre les Peuls, et reçu même l'appui de MOULAY ISMAIL, sultan du Maroc (selon M.A. LE CHATELIER dans son ouvrage sur L'Islam en Afrique occidentale française)
- 1738 : Le TEDKIRET signale la présence d'une tribu arabe guerrière dite MBARKA à l'ouest de OUALATA, et où MOULAYE DEHEBI (venant du Maroc) s'est fixé après l'assassinat du KAHIA de TOMBOUCTOU convoité à l'époque par les marocains.
- « Deux jours après le départ d'Ali, un chérif arriva au camp, avec du sel et quelques autres marchandises. Il venait de WALET, capitale du royaume de BIROU. Comme on ne lui avait point préparé de tente, il vint loger dans la cabane où j'étais. Il paraissait fort instruit, et la connaissance qu'il avait de la langue arabe et de celle des Bambaras le mettait à même de voyager avec facilité et avec sûreté dans plusieurs royaumes….
- Dans la matinée du 24 avril, un autre chérif, natif de Maroc et nommé Sidi Mahomet Moura Abdalla, arriva avec cinq bœufs chargés de sel. Pendant un séjour de quelques mois qu'il avait fait anciennement à Gibraltar, il avait appris assez d'anglais pour se faire entendre dans cette langue. Il me dit qu'il avait été cinq mois pour venir de Santa-Cruz, mais que la plus grande partie de ce temps avait été employée à faire le commerce….
- Je le priai de me dire combien de jours il lui avait fallu pour se rendre de Maroc à BENOWM, et il me calcula la route de la manière suivante : « Il

faut, pour aller de Maroc à SWERA, trois jours ; de SWERA à AGADIER, on en met trois ; d'AGADIER à GINIKEN, dix ; de GINIKEN à WADENOUN, quatre ; de WADENOUN à LAKENEIG, cinq ; de LAKENEIG à ZEERIWIN-ZERIMAN, cinq ; de ZEERIWIN-ZERIMAN à TISCHEET, dix ; et de TISCHEET à BENOWM dix(BENOWM, est la capitale du royaume des OULAD MBAREK), ce qui fait en tout cinquante jours. Mais les voyageurs s'arrêtent ordinairement longtemps à GINIKEN et à TISCHEET. C'est à TISCHEET qu'on fouille le sel gemme, dont on fait un très grand commerce avec les nègres. »

- 1860 : Exil d'EL KEVIA sur le chemin du Maroc, de la lignée de HENOUNE LEBEIDI, fraction des AWLAD AL ALYA, grand chef valeureux et généreux OULAD MBAREK, tué lâchement dans une mare, et enterré à CHINGUETTI ; par des envoyés IDOUAICH qui le suivaient, de peur qu'il **n'aille solliciter l'appui des sultans marocains à la réémergence des OULAD MBAREK.**

B/Les rapports des OULAD MBAREK avec le Mali (EX SOUDAN FRANÇAIS)

A l'arrivée des français au Mali, le royaume OULAD MBAREK s'étendait de Kayes à Nioro jusqu'au sud- est, la ville de DIARRA inclus, avec des extorsions de territoires locaux, au gré des guerres entre les peuls d'EL HAJ OMAR et les OULAD MBAREK, et entre ces derniers et les Bambaras du KAARTA. Les dates suivantes, font partie des chronologies du Mali et de la chronologie des Maures au Mali (1) :

- 1887 et le 14 mai : Traité entre Louis Tautin et Sidi Ahmed Ben Mouhamadou Lamine cheik des Oulad Embareck, traité validé par le roi de France et publié au journal officiel français.(voir annexe)
- 1890 : Le chef du groupement OULAD MBAREK BAKHOUNOU est OTHMAN OULD AMAR.
- 1891 : Les français sont à NIORO et les OULAD MBRAEK sont dans le KINGUI avec le chef ELY OULD MOKHTAR.
- 1893 : En février, le Commandant ARCHINARD reconnait ELI OULD MOKHTAR SARIR comme chef de groupement OULAD MBAREK.
- 1894 : Visite d'ELY OULD MOKHTAR à KAYES et les OULAD MBAREK de l'OUAGOUDOU-BAKHOUNOU sont autorisés à rester dans la région de BALLE. Les villages de SOULEYMAN et DEREGOUNI ont été créés exclusivement pour les OULAD MBAREK.

- 1897 : Mort de ELY OULD MOKHTAR et il est remplacé par son cousin SIDI AHMED OULD ABIDIN.
- 1898 : Et le 22 décembre, signature d'un traité de paix entre SIDI AHMED OULD ABIDIN et les français au nom de la tribu des MBARKS et sur le territoire du SOUDAN FRANÇAIS (actuel Mali).

1890 : NARA

« Dans la région de NARA, sont autorisés les OULAD MBAREK des villages de SOULEYMAN et de DEREGOUNI, sous le commandement du chef de ce groupement : OTHMAN OULD AMAR 1890-1915 » (où son fils HENOUNE très jeune a été remplacé par son cousin AHMED OULD AL- LAB).

MARS 1894 : BALLE

« Les OULAD MBAREK qui sont à la lisière du OUAGOUDOU-BAKHOUNOU sont autorisés à rester dans la région du BALLE, suite à la visite qu'a faite ELY OULD MOKHTAR à KAYES en mars 1894. »

22 DECEMBRE 1898 : TRAITE DE NIORO.

ENTRE LE COMM ANDANT DE REGION DE NIORO DU SAHEL ET LE CHEF MBARKI AHMET OULD ABIDDINE :

« La tribu des MBARKS, commandée par AHMET OULD ABIDDINE, ayant remboursé le produit de ses pillages, est autorisée à rentrer dans le territoire, à y commercer et à y séjourner. AHMET OULD ABIDDINE, son chef, s'engage à rester loyalement notre allié, à suivre les conseils du commandant de région, en ce qui concerne ses relations avec les autres tribus et à se conformer à tous les règlements et ordres en vigueur sur le territoire du Soudan Français. AHMET OULD ABIDDINE est prévenu que toute faute ou infraction à ces règlements sera punie avec la plus grande sévérité »

C/Les rapports des OULAD MBAREK avec le Sénégal

27 JUIN 1904 : COPPOLANI ARCHIVES DE DAKAR

« Ainsi des milliers de maures installés sur la rive gauche (OULAD M'BAREK, IROUMBATEN, etc.) relèvent en quelque sorte des Devès(Traitants français de SAINT LOUIS et MAIRES DE SAINT LOUIS EN 1902/JUSTIN DEVES …Il est avéré que ce concours n'avait d'autre mobile que le désir manifesté par certains membres de la famille Devès de remplacer l'émir du Trarza dans la perception de certains droits sur les caravanes « (On verra par la suite , que les OULAD M'BAREK animés toujours par le sang guerrier, même dans l'exil, au Sénégal extermineront les IROUMBATEN, guerroieront avec plusieurs autres tribus, pour s'allier finalement, en 1969, avec l'émir du Trarza.)

COPPOLANI disait en écrivant au gouverneur : « Les OULAD M'BAREK quittèrent vers 1901, la rive droite pour se soustraire aux exigences de la tribu dirigeante des pays TRARZA qu'il récuse, Par l'intermédiaire de M. Justin Devès, ils obtinrent de M. le directeur des affaires indigènes une lettre autorisant à passer sur la rive gauche, où ils devaient être à l'abri de toute vénalité »

Et COPPOLANI de poursuivre, les OULAD M'BAREK m'ont écrit : « Nous sommes reconnaissants à M. Justin Devès d'avoir ainsi veillé sur nos personnes et nos intérêts, ajoutent-ils, mais aujourd'hui que les français sont installés définitivement sur la rive droite, nous voulons être traités et considérés au même titre que tous les autres maures, pouvoir revenir dans notre pays(c'est-à-dire du Sénégal vers la Mauritanie) où volontiers nous paierons le Zakat ou dîme purificatoire due par tout bon musulman ».

ET COPPOLANI d'ajouter : « j'ai donné satisfaction à leur légitime revendication, et je prends des dispositions analogues vis-à-vis des autres tribus soumises aux mêmes obligations. J'ai tenu cependant à vous signaler les faits relatés dans la version contrôlée des OULAD EMBAREK qui, ajoutée à d'autres occasionnées par le même esprit et les mêmes tendances, nous démontreront, une fois de plus, combien il est sage et de bonne politique de dégager les populations maures de certains événements complexes de Saint Louis et de la rive gauche en leur donnant la direction et l'organisation autonome que vous avez bien voulu décider ».

<u>1956 : TERRITOIRE DU SENEGAL DELEGATION DE DAKAR-POUR LE DELEGUE DU GOUVERNEUR MOURAGUES :</u>

« HASSEN OULD AHMED SALOUM, notable OULAD MBAREK est autorisé à détenir une arme à feux, calibre 12 à deux coups »

20/FIN DE REGNE DES OULAD M'BAREK : Exils, avancée de la colonisation française, migrations et assimilation à d'autres tribus et cultures frontalières, intrigues maraboutiques, jalousie d'Emirats nouveaux, et surtout divergences et rébellions entre princes OULAD MBAREK.

Après deux **siècles** :
- De domination systématique en Mauritanie (Du Tiris au Hodh en passant par le Tagant 1650-1850) ;
- Et **un siècle** d'emprise dans le Sahel malien (voir notamment les épisodes de guerre avec les princes MASNA/cercles de Nioro et Kayes1780-1880),
- Et des péripéties et guerres avec les tribus en rive gauche du Sénégal (Entre le lac de Guiers et **Saint louis 1850-1902**),

Les OULAD M'BAREK ont été victimes de leur succès. Cette domination était sans limite et les princes de la tribu n'hésitaient pas, à s'en prendre à leurs propres cousins et à même d'autres tribus Hassanes guerrières qui les ont soutenus. Les autres tribus vassalisées, notamment les tribus d'origine berbère étaient aussi écrasées par le joug des OULAD M'BAREK (3). C'en était de trop et voici comment les OULAD M'BAREK ont perdu leur domination, avec : «

- D'abord, l'émergence de l'Emirat des IDOW'ISH, selon PAUL MARTY : « Tout au début du XVème" siècle, les Id ou Aïch, Cf. pour plus de détails Paul Marty(3). Les tribus des confins de la Mauritanie et du Soudan, Paris, Leroux. (Collection de la Revue du Monde Musulman.) Nombreux, riches et guerriers, mais fractions asservies aux guerriers et marabouts voisins, commencent à s'agiter. Mohammed OULD KHOUMA, leur chef, est l'instigateur de ces troubles, où l'on sent venir la future indépendance. Ses successeurs, Amar, puis BAKAR, fils d'Amar, continuent sa politique, **sans que les Hassanes, maîtres politiques du pays, à savoir les OULAD MBAREK, puissent s'opposer à cette fermentation. »**

« C'est Mohammed CHEIN, d'illustre mémoire, fils de BAKAR, fils d'Amar, qui leva l'étendard de la révolte vers 1750. A un siècle de distance, on assistait à une nouvelle phase de la lutte des populations berbères contre les envahisseurs arabes mais cette fois, les Berbères, moins confits en islam, mieux armés, plus unifiés, mieux commandés qu'au temps des imams du cheikh BOUBAH (1630-1674), allaient conquérir la victoire, **se dégager de tout tribut et de tout lien de vasselage, et fendant leurs suzerains OULAD MBAREK en deux, en rejeter une partie, fort amoindrie et presque épuisée, vers Nioro et Ballé,** où on la retrouve aujourd'hui en miettes, et **refouler l'autre partie, à peu près anéantie, et devenue les OULAD GHWEYZI et les Askeur, vers le haut Sénégal,** où on les retrouve aujourd'hui, dans le cercle de Kayes, **mélanisés,** sédentarisés, **n'ayant**

plus rien d'arabe et même de blanc, que la tradition et le nom(3). Cette lutte dure environ de 1750 à 1800. »

« Mohammed **CHEIN,** ayant réuni à DECHNAIKAT, à 20 kilomètres au sud de Tidjikdja, tous ses contingents ID OU AICH, **refusa de payer le tribut aux chefs OULAD MBAREK et OULAD NACER, dont il dépendait.** Ceux-ci se concertèrent et vinrent camper près d'eux et les bloquer. Cette situation dura quatre mois, sans combat. » (3)

« Comprenant que, seul, il ne pourrait pas tenir tête aux Arabes aguerris et spécialisés dans le métier des armes, Mohammed CHEIN chercha des alliances dans le camp arabe. **Il s'adressa aux OULAD ABD ALLAH du Brakna, anciens rivaux des OULAD MBAREK, et toujours ennemis à l'occasion.** Il eut la bonne fortune de voir l'émir des OULAD NORMACH, AHMED OULD HEIBA, venir à son secours et immobiliser la plupart des forces Hassanes. »

« Mohammed CHEIN saisit aussitôt l'occasion et écrasa en détail, à la faveur des dissensions arabes, les différentes fractions ennemies les OULAD MBAREK d'abord, les OULAD NACER ensuite. Il sut même se dégager de l'emprise des OULAD ABD ALLAH qui, à ce moment-là (1766-1780), pour son bonheur, se scindaient en OULAD NORMACH et OULAD SIYED, et voyaient le commandement passer des premiers aux seconds. »

« Mohammed CHEIN mourut vers la fin du XVIe" siècle, laissant cinq fils, qui sont les ancêtres des tentes princières actuelles Mohammed, ancêtre des ABAKAK MOKHTAR, Eli, Bou SIF et Sidi LAMIN, ancêtres des CHRATIT. Il avait assuré complètement l'indépendance de son peuple. « Il « laissait à son fils aîné et successeur, Mohammed, un « peuple libre, grandissant chaque jour en nombre, « s'enrichissant des tribus maraboutiques, qui venaient « se placer sous la protection de ses guerriers, et des « tributaires qu'à leur tour ils recueillaient au cours de « leurs conquêtes ».

« Mohammed maintint pendant de longues années sous son autorité toutes les fractions, qui formaient alors le peuple ID OU AICH. Il ébaucha, par l'intermédiaire des Brakna, les premières relations commerciales avec les Anglais, puis avec les Français, qui les remplacèrent en 1816. Jusqu'alors c'est à l'escale des Brakna, soit le Terrier-Rouge, soit Podor, que les ID OU AICH portaient leur gomme. »

<u>BLOCUS DE HNEIKAT SUD DE TIJIKJA AVEC LA CONSPIRATION DES IDAWISH ET IDAWALIS CONTRE LES OULAD M'BAREK ET LEURS ALLIES OULAD NACER (rapporté par ABDALLAHI KHALIFA (6)</u> :

« Pendant le blocus imposé par les Hassanes OULAD M'BAREK et OULAD NACER, les IDAWALIS fournirent secrètement des vivres de toutes sortes aux IDOW'ISH……Les traditions recueillies à TIDJIKJA rapportent que pendant ce blocus, une SORBA de notables IDOW'ISH se rendit nuitamment auprès de SIDI ABDALLA OULD HAJ BRAHIM pour lui demander de prier pour eux. SIDI en raison de sa piété refusa d'abord, car tout guerrier ayant, selon lui, une conduite contraire à la SHARIA. Sur l'intervention d'une femme âgée et respectée AICHA MINT LATRACH d'origine IDOW'ISH et mère d'un lignage IDAWALI, le marabout accepta de leur ouvrir la porte… Et leur demanda qu'après la victoire, ils appliquent la SHARIA et suppriment le GHAVER.SIDI accepta et montra que HNOUK BAGHDADA(les mâchoires de la gorge) est un endroit stratégique pour l'armée IDOW'ISH qui a vaincu ainsi les Hassanes. »
« La défaite des OULAD M'BAREK fut lourde de conséquences, et certains princes et leurs fractions, ont repris le chemin de l'exode vers le Mali, où ils ont eu maille avec les princes Mansa dans la région de Nioro (voir l'histoire du Mali in archives du Mali) »
« Certaines fractions OULAD M'BAREK ont abandonné les armes et ont intégré d'autres tribus notamment les OULAD NACER, les OULAD GHAILANE, les TRARZAS notamment lors des batailles, qu'a livré ELY CHANDHORA(3) aux BRAKNA qui se sont légués avec les IDOW'ISH pour vaincre la domination des M'BARKOIS. »
« Des familles OULAD M'BAREK ont carrément intégré des tribus maraboutiques comme les LAGHLAL, les TINWAJI qui sont restées la tribu la plus fidèle aux OULAD M'BAREK. En effet, les TINWAJI sont vénérés jusqu'à aujourd'hui, par les OULAD M'BAREK comme étant leurs CHORFAS et leurs alliés. Un adage retrouvé chez les aïeuls OULAD M'BAREK : « recommande toujours à ces derniers, d'honorer les TINWAJI car leurs chances passent par-là ». Les OULAD M'BAREK réfugiés dans le sud-ouest mauritanien, après la débandade, ont aussi leurs CHORFAS à TENWARATE, et leurs marabouts : LAGHLAL (AGHLAL KHAWARA).
L'écrivain BRAHIM OULD BAKAR OULD SNEIBA nous rapporte ceci : « Tout chef de guerre avait son ''*démiurge* '' qu'il consultait.
« Le Sultan **KHATTRY OULD AMAR OULD ELY** des OULAD M'BAREK de se rendre chez **Cheikh Brahim** des TENOUAJIW pour se protéger de sa baraka contre son rival de frère **HENOUNE .AJA**, un allié traditionnel des OULAD MBAREK, a plus qu'un autre entendu le poème laudatif MARHABTI BISSULTAN dédié à **KHATTRY**, par **DERDELLI OULD SIDAHMED OULD AOULIL**, où il lui rappelle que son campement émiral est le refuge des tenants du Coran, et du livre du très grand

exégète **Cheikh Khalil (MARHABT EHEL Al GHURÂN, MARHABT AHL KHLIL)**. »

Enfin, certaines tribus qui étaient vassalisées par les OULAD M'BAREK ont passé, après leur défaite, sous le joug des IDOW'ISH.
Il est à noter que les fractions OULAD M'BAREK qui ont migré au Mali et au Sénégal, se sont mélanisées localement à tel point qu'on les différencie difficilement des populations locales. Cependant, malgré l'exode, et le métissage, ces fractions ont gardé en eux, les gestes, les comportements et les faits des OULAD M'BAREK.

21/LES CAUSES DE LA PREMIERE DEFAITE DES OULAD M'BAREK EN 1750 :

Les causes sont de plusieurs ordres :

- Les rivalités internes aigues entre princes et fractions OULAD M'BAREK (voir la tradition orale chez les griots mauritaniens à ce sujet), ce qui a créé des animosités et des suspicions entre les lignages OULAD M'BAREK,
- Les intrigues des marabouts et autres courtisans qui gravitaient autour des princes OULAD M'BAREK,
- La méprise par les OULAD M'BAREK de leurs autres cousins Hassanes, notamment l'irrespect des BRAKNAS qui se sont alliés finalement avec les IDOW'ISH contre eux,
- Le joug et le lourd tribut que payaient les tribus berbères et autres tributaires aux OULAD M'BAREK. Ce tribut peut passer par des intermédiaires mandatés par les OULAD M'BAREK, mais qui finalement se rebellent contre leurs suzerains et deviennent aussitôt alliés à tout ennemi des OULAD M'BAREK,
- La jalousie des autres tribus Hassanes sur le fait, que les OULAD M'BAREK dominaient partout, et étaient craints de tous,
- La difficulté de maitrise des vastes territoires désertiques conquis par les OULAD M'BAREK, ou à défaut aux mains de leurs alliés. Ces territoires allaient du Tiris (SAHARA OCCIDENTAL) jusqu'au Mali, et le haut Sénégal.

Le plus surprenant, c'est qu'aujourd'hui, et malgré la défaite de 1750 et la dispersion des OULAD M'BAREK partout ; toutes les populations, que ça soit dans toutes les régions de Mauritanie, au Sahara ou au Sahel, gardent un souvenir nostalgique des OULAD M'BAREK. Dans toutes ces contrées on est émerveillé et marqué par l'épopée OULAD M'BAREK. Pourquoi une telle passion et une si grande nostalgie pour les OULAD M'BAREK ? Après trois siècles de disparition de

l'ETAT OULAD M'BAREK EN MAURITANIE ET AU SAHEL. Quelle importante affection aujourd'hui pour les OULAD M'BAREK ?

Etaient-ils si bons et si généreux ? Etaient-ils plus respectueux des populations et des démunis ? Avaient –ils un sang et des veines exceptionnelles ? Ou tout simplement on les envie pour leur bravoure ou même leur musique ? Mystères ?

22/LE PATRIMOINE OULAD M'BAREK ABANDONNE LÂCHEMENT ET IGNORE PAR LA MAURITANIE D'AUJOURD'HUI

Parmi les Etats sahéliens et maghrébins, la Mauritanie est sans doute l'héritière de L'Emirat des OULAD M'BAREK plus que le Maroc, ou le Mali. Cependant, la Mauritanie a failli jusqu'à présent, à sa mission de civilisation et de valorisation de son patrimoine culturel. En effet, il n'y a jamais eu un projet de valorisation de la mémoire de la société mauritanienne, notamment les organisations sociales et institutions émirales qui ont marqué cette société.

En Europe n'a-t-on pas valorisé les faits et gestes des ducs, comtes, princes et rois ?

N'a-t-on pas accordé des droits fonciers et des budgets pour les châteaux, monuments et espaces marqués par les princes ?

Toutes les jeunes générations européennes connaissent aujourd'hui, l'histoire de leurs princes et rois. Les contes, légendes et outils culturels des princes européens, sont valorisés économiquement et touristiquement à travers la visite des sites et des châteaux.

Il appartient aujourd'hui, à la Mauritanie de réviser son histoire, repérer les dates historiques et valoriser l'esprit et la culture de ces institutions politiques traditionnelles. On doit ériger dans le pays, **un haut conseil de valeurs mauritaniennes et d'éthique qui fait références**. Les jeunes doivent être éduqués traditionnellement en complément à l'éducation formelle et à travers un **ministère chargé de l'éducation sociale traditionnelle et des valeurs**, sur :

- Comment vaincre sa peur ? Ou comment les OULAD M'BAREK procédaient à l'époque, pour bien former leurs guerriers, surtout qu'on est dans un monde incertain. **Un service civil doit être obligatoire.**

- Comment cultiver aujourd'hui le SILATU RAHIM, que faisaient les OULAD M'BAREK à toutes leurs dépendances ? notamment aux faibles et aux démunis.
- Comment valoriser la musique OULAD M'BAREK ? qui est le fondement de la musique maure.
- Comment retrouver les MEZZOUZA, les chevaux pur-sang des OULAD M'BAREK ? les élever, etc.
- Comment être solidaires face aux épreuves ?
- Etc.

Certains nous rétorquent que tant que les tribus berbères et maraboutiques dirigent la Mauritanie d'aujourd'hui, il n'y a pas d'espoir à ce qu'on valorise quoi que ce soit, sur les valeurs guerrières dans le pays. Ainsi le pays pourra basculer, un jour, vers des régimes théocratiques et ce dans le contexte du DJIHADISME en vogue au Sahel. Face à cela, certaines tribus sahariennes et sahéliennes se concertent aujourd'hui pour voir, comment valoriser les pouvoirs traditionnels et leur encadrement des populations, au sein d'Etats sahéliens moribonds et affaiblis. Feu KADDAFI avait fait en ce sens, une tentative mais tout de même, folklorique.

Le constat est là, depuis que les pouvoirs maraboutiques se sont succédé en Mauritanie, il est interdit de valoriser les patrimoines guerriers de ce pays. Pire, en faisant la « nouvelle histoire de la Mauritanie », on ôte même aux guerriers, leur droit de résistance avec leurs armes contre la colonisation et les empires expansionnistes (Les OULAD M'BAREK ont arrêté les premiers explorateurs et résisté contre les entités et royaumes expansionnistes du Mali) et avancer en alternative, ce qu'ont inventé aujourd'hui : « la résistance culturelle et religieuse, celle bien sûr des marabouts ». Ce qui est bien sûr, dénié de tout fondement. De plus, si on parle aujourd'hui de guerriers en Mauritanie, c'est parfois, sur un ton moqueur et diabolique. Les Oulad M'Barek du sud-ouest mauritanien sont particulièrement victimes de cette situation et où les Zwayas du Trarza ne veulent pas relater l'histoire de OUDEIKA, maitre de 3 rives en 1680 qui échangeaient avec les commerçants de Saint-Louis. Sauf dans l'ouvrage de Muhammadun Uld Babbah, intitulé : « As Sayh Muhammad Al Yadali », » Sur l'histoire de la Mauritanie (trois textes inédits) Bibliothèque culturelle Maghrébine, Fondation Nationale Carthage,1990.

Pour revenir au CHEF OUDEIKA des Oulad M'Barek du sud-ouest, on ne connait de lui, que la toponymie du même nom : MECHRAAE OUDEIKA (c'est-à-dire rive de Oudeika) situé à l'ouest de la ferme MPOURIE à Rosso à côté du champ de Tir de TEKECHKOUMBA(qu'on doit d'ailleurs appeler Champ Oudeika), et jouxtant le cimetière des CHORFAS DE TENWARETA (20 km avant d'arriver à Rosso).L'ouvrage cité de Muhammadun Uld Babbah relate l'histoire singulière suivante, en pages 83,84 et 85 :

« En 1640, OUDEIKA a averti les Zwayas Tachomcha lorsqu'ils vinrent à »son rivage »(Machraae) qu'ils doivent payer, mais leur pardonna cette fois ci, en leur signifiant que l'année suivante, ils doivent se soumettre à la dîme d'échanges de son rivage. Les Zwayas se sont plaints auprès de DEMANE ancêtre de l'Emirat du Trarza. Ce dernier leur conseilla de s'éloigner du rivage d'OUDEIKA, car il ne pourrait le combattre. Voyant leurs intérêts en jeu, les Zwayas migrèrent vers L'AMOUKROUZ plus au nord (aux environs de Nouakchott) mais se résolurent à réciter jour et nuit, et dans chacun de leur campement, des versets du Coran pour demander à Allah, de punir OUDEIKA qui les empêchèrent de s'adonner à leurs échanges sur la rive d'OUDEIKA. Quelques mois plus tard, OUDEIKA mourut lors de la bataille d'AGYERTE, 12 km de Sangrava (Brakna). La même histoire rapporta que sa femme GHARTOUVA, en apprenant la nouvelle de sa mort, monta sur un arbre jusqu'à mourir de chagrin. L'arbre s'assécha par la suite. Et la toponymie affichée sur les cartes des premiers explorateurs au 17 S, mentionnait : « L'arbre de GHARTOUVA ».

Au niveau des Oulad M'Barek du sud-ouest, la tradition orale rapportait le dicton suivant : « Plus Brave qu'OUDEIKA n'existe pas »

Quel encadrement traditionnel des populations mauritaniennes à valoriser aujourd'hui, dans le contexte de l'histoire des Oulad M'Barek ? Des comités de quartiers à valeurs citoyennes authentiques ? Des GIE à valeurs modèles puisant dans la tradition mauritanienne et modernisant ?

PARTIE 3 : LES OULAD MBAREK DU SUD OUEST MAURITANIEN ET LEUR DERNIER CHEF EL HACEN OULD CHEIKH OULD AHMED SALEM 1924/2013.

1/LES OULAD M'BAREK DU SUD OUEST MAURITANIEN.

D'où viennent les OULAD M'BAREK qui résident aujourd'hui, dans le sud-ouest mauritanien ? Notamment dans le département de KEUR MACEN/Commune de M'BALAL, et au-delà, ceux qui sont restés au Sénégal, très métissés et avec des prénoms comme DICKO et FALL ?

Si l'histoire des OULAD M'BAREK du HODH est bien connue, celle des OULAD M'BAREK du sud-ouest mauritanien reste encore méconnue, parfois même négligée par les différents lettrés et chroniqueurs. Pire, certains même dénient aux OULAD M'BAREK du sud-ouest mauritanien toute légitimité, et en viennent même à prétendre, que cette vaillante tribu, était tributaire de l'Emirat du Trarza, puis à la famille traitante coloniale DEVES, dont les fils ont dirigé, Saint Louis du Sénégal, comme maires de 1899 à 1902. Aujourd'hui, les jeunes générations OULAD M'BAREK du sud-ouest mauritanien, ne savent plus à quel saint se vouer, car ils ne sont pas dans le CHARG mauritanien où leurs ancêtres ont vécu l'apogée, et ils ne font pas partie, non plus, de ce qu'on appelle EL GUEBLA, dominé aujourd'hui, par L'Emirat du Trarza et les tribus maraboutiques.

Historiquement, les OULAD MBAREK du sud-ouest mauritanien, sont cantonnés géographiquement sur le delta du fleuve Sénégal et ses environs (rive gauche et rive droite). Leurs territoires de transhumance sont donc de part et d'autre d'une frontière, caractérisée par la présence de tribus maraboutiques en perpétuelle accompagnement des fractions OULAD MBAREK pour échapper au joug de l'Emirat du Trarza.

Pour répondre à la question, d'où viennent les OULAD M'BAREK du sud-ouest mauritanien ? Plusieurs versions sont avancées (voir en début de ce livre : chronologie des OULAD MBAREK du sud-ouest mauritanien):

Que ça soit telle ou telle version, il est clairement démontré que les OULAD M'BAREK du sud-ouest mauritanien ou du Sénégal, n'ont jamais accepté la domination de quiconque, même étant exilés, et loin de leurs terres originelles (HODHS).**Le colonisateur voulait même les utiliser (par l'intermédiaire de la Famille DEVES, traitants de Saint Louis) pour se dresser contre les princes Trarza (ce que n'ont pas accepté les OULAD MBAREK).**On verra plus tard que les Trarza ont tenté d'appâter aussi à leur tour, les OULAD MBAREK à travers ce qu'on appelle, aujourd'hui dans le sud-ouest : « le seau d'eau de OULD VATY », du nom d'un chef OULAD M'BAREK à qui, on donnait tous droits, lors de l'abreuvage de ces troupeaux, et lorsqu'il séjournait au Trarza et venant du Sénégal pendant la transhumance de l'hivernage.

2/LES OULAD MBAREK DU SUD-OUEST MAURITANIEN : ENTRE EXIL AU SENEGAL, ACCORD AVEC L'EMIRAT DU TRARZA, ET RESTRICTIONS COLONIALES.

Suite à leur défaite en 1780,SCHMALTZ éphémère gouverneur français de SAINT LOUIS, en 1816/1817, écrivait que : « **Les IDOWISH ont rejeté une partie des OULAD M'BAREK, fort amoindrie et presque épuisée, vers Nioro et Ballé,** où on la retrouve aujourd'hui en miettes, et **refoulé l'autre partie, à peu près anéantie, et devenue les OULAD GHWEIZI et les Askeur, vers le haut Sénégal**, où on les retrouve aujourd'hui, dans le cercle de Kayes, **mélanisés,** sédentarisés, **n'ayant plus rien d'arabe et même de blanc, que la tradition et le nom** »
De la même manière, les OULAD M'BAREK du sud-ouest se sont exilés au Sénégal, pour échapper aux alliances déshonorantes avec l'Emirat du Trarza et retrouver une certaine indépendance. Beaucoup parmi eux, restèrent jusqu'à aujourd'hui au Sénégal, et se sont profondément métissés avec les autochtones sénégalais. Voir notamment les OULAD M'BAREK du Sénégal à ROSS BETHIO, BOUNDOUM, PIKINE, GUIEDAWAYE. Certains parmi eux, devenus sénégalais, ont gardé le SENT (mot ouolof) comme DICKO, FALL, etc. Avec les événements de 1989, certaines familles ont quitté définitivement le Sénégal pour s'installer en Mauritanie. Une fois au Sénégal, et forts de leur sang guerrier, ils n'hésitèrent pas à livrer bataille, aux peuls du lac de Guiers, suite à des litiges sur les pâturages, entre 1857 et 1900.

Suite à ces batailles, les OULAD M'BAREK se retrouvaient cantonnés dans des zones inhospitalières sur ordre d'un prince du OUALO sénégalais, appelé MAME ABDOU. Ce dernier exigea des OULAD M'BAREK à l'époque un tribut, ce qui a valu à ce prince, une bataille de plus ; mais cette bataille a été calmée par les traitants de Saint Louis, notamment les DEVES, en 1902.
COPPOLANI écrivait à propos des relations DEVES-OULAD M'BAREK : « C'est ainsi que des milliers de maures installés sur la rive gauche (OULAD EMBAREK, IROUMBATEN, KOUMLILEN, etc.) relèvent en quelque sorte des DEVES. »On connait, aujourd'hui la relation fraternelle et particulière entre les KOUMLILEN et les OULAD M'BAREK, tous relevant de la Moughataa de KEUR MACEN. D'ailleurs, lors des guerres de 1965 entre fractions OULAD M'BAREK, les KOUMLILEN étaient aussi divisés entre partisans d'OULAD M' BAREK 1 (LES IDATFAGHA à NWELKI) et les OULAD M' BAREK 2 (LES EHEL ETHMANE à LOUBEIRID).

Durant l'hivernage 1903, les OULAD M'BAREK retraversèrent la rive droite avec l'obligation de ne pas dépasser les 50 KM, au nord du fleuve, conformément à un accord entre la famille française DEVES de Saint Louis, et l'émirat du Trarza. La tradition recueillie nous relate qu'en 1903, c'était une année d'épidémies qui décimèrent les OULAD M'BAREK et les morts se comptaient par centaines. Selon FATMA VALL MINT MEISSALAL, femme OULAD M'BAREK ayant vécu longtemps et rencontrée en 1983 : « l'épidémie était telle chez les OULAD M'BAREK, qu'à chaque fois qu'on retournait de l'enterrement de quelqu'un, aussitôt, on annonçait la mort d'un autre… et FATMA VALL attribuait ça à un gris-gris confectionné par les peuls du Guiers qui n'avaient pas pardonné aux OULAD M'BAREK la guerre qu'ils leur ont livré…FATMA VALL ajoutait que depuis cette date ,les OULAD M'BAREK sont en perpétuelles rivalités jusqu'à aboutir aux guerres intestines de 1961 et 1964 dans le département de KEUR MACEN(nous y reviendrons)»

C'est au cours de cette épidémie que le grand père d'EL HACEN,AHMED SALEM avait dit à l'un de ses sujets : « j'ai un puissant pur-sang et un fusil à 2 coups, ce que je te demande, si jamais la mort m'arrivait avant toi, c'est que tu traverses en rive droite, pour m'enterrer à N'YOUMZI,(nord Est de KEUR MACEN) ».Et effectivement le grand père de EHEL AHMED SALEM est enterré aujourd'hui dans ce cimetière de NYOUMZI ,dans la commune de KEUR MACEN, et où l'on retrouve aujourd'hui de nombreuses grandes familles des OULAD M'BAREK en compagnie des IKOUMLEILENS et des LAGHLAL, tribus inséparables des OULAD M'BAREK ,depuis qu'ils sont dans le sud-ouest mauritanien et au Sénégal. Pourquoi les LAGHLAL du sud-ouest mauritanien sont inséparables des OULAD MBAREK ? Sont-ils venus de l'Est mauritanien, avec les OULAD MBAREK ? Il faut signaler ici le lien étroit et fraternel entre la fraction EHEL HIMDANE des LAGHLAL et les OULAD MBAREK.

Dès leur arrivée dans la zone du sud-ouest mauritanien et du Sénégal, la tribu OULAD M'BAREK s'est vu graviter autour d'elle, un certain nombre de tribus dont elle est inséparable, comme les LAGHLAL résidents aujourd'hui à EL KHAWARA (70 KM de ROSSO/route Rosso/NKTT), les IKOUMLEILEN, les CHORFA (dont on dit qu'ils sont des TENWAJI accompagnant OULAD M'BAREK dans leur exil).Toujours est-il ,que tout celui qui touchait à ces tribus, verrait la colère des OULAD M'BAREK qui n'hésiteront pas un seul instant à défendre ces tribus, auxquelles ils sont attachés, et ce jusqu'à nos jours.

La tradition de la tribu, nous rapporte qu'AHMED SALEM était d'une grande piété et récitait même le coran, mais c'était aussi un guerrier sans équivalent, ayant défendu sa tribu, avec intelligence et courage, face aux peuls et face aux incursions des Trarza en rive gauche. Certains rapportent qu'il a fait un voyage à Oualata, dans les années 1800, pour rencontrer la famille spirituelle des Kountas. L'espace des 50 KM du fleuve, en rive droite fut respecté jusqu'à nos jours par les OULAD M'BAREK, où leur dernier village actuel : BOMBRI se trouve à 46 KM de ROSSO. En effet, MBOMPRI comme mentionné dans les cartes IGN (premier ancien village sur la route bitumée ROSSO/NKTT réalisée en 1969) et ses environs, notamment les localités HASSANIYA, CHARIGHA et TEWFIGH sont les derniers villages des OULAD M'BAREK, connus à ce jour, dans le sud-ouest mauritanien. Dans la vallée en rive droite et en plein CHEMAMA dans la commune de KEUR MACEN, il y a la zone de N'DID BGHAW, EL YOURAYA, JREIDA qui restent des terres traditionnelles des OULAD M'BAREK et qui malheureusement, ont été distribuées par l'Etat aux agriculteurs commerçants qui les ont totalement défigurées. Au Sénégal, les terres traditionnelles des OULAD M'BAREK sont KASSACK, GOROM, BOUNDOUM, RONK, ROSS BETHIO, LAC DE GUIERS où on trouve jusqu'à présent de nombreux Harratines OULAD M'BAREK métissés avec les Ouolofs.

3/ LES PRINCIPALES FRACTIONS OULAD MBAREK DU SUD OUEST MAURITANIEN.

La tradition actuelle chez les OULAD M'BAREK du sud-ouest mauritanien, retient le nom de plusieurs fractions à consonance guerrière (EHEL AMAR OULD ELY, EHEL SAMBA, EHEL LHOUSSEIN, EHEL MEILOUD, EHEL AHMED LILHOUSSEYN, EHEL ABDERRAHMAN, EHEL AHMED ELY, EHEL MBAREK, etc.) qui chacune, a son histoire de bravoure, de courage et de générosité.

LISTE DES PRINCIPALES FRACTIONS DES OULAD MBAREK DU SUD OUEST :

NOM DE FAMILLE	CARACTERISTIQUES ORALES RECUEILLIES
EHEL SEDDOUM	Famille qui porte traditionnellement le drapeau des OULAD MBAREK, lors des guerres et ce en alternance avec les EHEL BEBACAR
EHEL AHMED SALEM	Famille dirigeante concevant toutes les stratégies de la tribu. Famille à intelligence et générosité.
EHEL SAMBA	Famille à courage et force sans pareilles, ainsi que leurs cousins EHEL MATALLA
EHEL HOUSSEYN	Famille régnante par alternance, avec la famille EHEL AHMED SALEM, et EHEL AHMED EL HOUSSEIN
EHEL AHMED ELY	Famille à bravoure sans égale
EHEL ABDERRAHMANE	Famille connue pour le respect des engagements
EHEL M'BAREK	Famille connue pour son indépendance d'esprit
EHEL MEDALLAH	COURAGE
EHEL VATY	Générosité
EHEL NDEWRELLA	Les plus véridiques
EHEL BOUHAMADI	Les plus téméraires
EHEL M'BAREK NWELKI	Des familles prônant toujours aux OULAD MBAREK, la paix, et d'abandonner les querelles.
EHEL MOUH	Une famille d'arbitrages
EHEL KORY	Une famille conseillant toujours aux Oulad MBAREK, de se tourner vers l'avenir
EHEL DEMBA	Une famille connue pour n'avoir jamais peur
EHEL MONDIAYE	Une famille prônant toujours la neutralité
Autres fractions	De nombreuses familles par cousinage dont je ne peux terminer ici la liste, et qui perpétuent beaucoup plus les traditions et valeurs OULAD MBAREK

4/LES OULAD M'BAREK DU SUD OUEST MAURITANIEN : UNE TRIBU TRES PUISSANTE DANS LE LAC DE GUIERS AU SENEGAL DE 1859 à 1890, ET AU DELTA EN RIVE DROITE, DE 1905 A 1970 :

- 1859 : « Lors de la défaite des OULAD M'BAREK face aux IDOW'ISH en 1750, les fractions OULAD M'BAREK ont été repoussées et dispersées vers le sud, et sud-est, notamment vers la frontière malienne du côté de KANKOSSA et du KARAKORO (comme preuve la similitude des noms des fractions OULAD LEGHWEIZI, avec les noms des fractions des OULAD M'BAREK du sud-ouest mauritanien). A KANKOSSA, les OULAD MBAREK ont eu maille avec les peulhs et les princes de la vallée, alliés aux IDOW'ISH à un moment donné. Et suite à ces conflits, ils ont traversé vers la rive gauche du fleuve Sénégal en 1853, pour chercher la paix éphémère des français qui s'implantaient alors en territoire sénégalais. De là, les OULAD MBAREK se sont installés dans le début, aux environs de MATAM, ensuite le lac de GUIERS, et enfin à ROSS BETHIO au Sénégal, où leurs ancêtres sont enterrés à NTEIN (à côté de ROSS BETHIO) au Sénégal ».
- 1863 : Guerre entre les OULAD MBAREK et les peuls de la zone de GUIERS.
- 1881 : Guerre entre les OULAD MBAREK et les IRROUMBATEN dans le WALO, le BRAK du WALO imposa la paix entre les belligérants.
- 1890 : Guerre entre les OULAD MBAREK et la tribu SWAIID, toujours en rive gauche du fleuve Sénégal.
- 1901 : COPPOLANI parle de la présence des tribus maures de la rive gauche qui veulent traverser en rive droite, notamment la tribu OULAD EMBARK qui n'accepte pas d'être sous domination des Trarza OULAD AHMED BEN DEMAN en nomadisant vers le nord.
- 1902 : COPPOLANI disait en écrivant au gouverneur : « Les OULAD M'BAREK quittèrent vers 1901, la rive droite pour se soustraire aux exigences de la tribu dirigeante des pays TRARZA. Par l'intermédiaire de M. Justin Devès (traitant et Maire de Saint Louis en 1902 et en 1912) ils obtinrent de M. le directeur des affaires indigènes une lettre autorisant à passer sur la rive gauche, où ils devaient être à l'abri de toute vénalité »
- 1905 : Forts d'un accord entre les français et l'Emirat du Trarza, les OULAD MBAREK se fixèrent progressivement en rive droite, zone de KEUR MACEN jusqu'au niveau de TIGUENT en saison d'hivernage.

A partir de cette date, les OULAD MBAREK ont versé dans le commerce en vogue alors au Sénégal, et à la faveur de l'économie coloniale. Cette situation leur a permis d'allier à la fois la puissance guerrière, et la puissance commerciale. Cette position dans le sud-ouest mauritanien, leur conféra d'être la destinée de tous les évadés tribaux et exilés sociaux venant d'autres contrées de Mauritanie, mais également le refuge pour toute fraction maraboutique locale voulant s'émanciper.

LE GRAND HEDDAR, présentait ci-dessous les OULAD MBAREK du sud-ouest mauritanien comme étant des généreux à tout vent, et des guerriers comparés aux pharaons NAMRUD. Les OULAD MBAREK du sud-ouest mauritanien étaient alors dans toute leur puissance économique et sociale, qui continua jusqu'en 1964, où guettés encore une fois, par les éternelles querelles perpétuelles entre fractions, se bâtèrent à Dakar par commerçants interposés .Ce fût alors, la division imposée par l'administration mauritanienne, entre d'un côté : OULAD MBAREK 1 et de l'autre côté : OULAD MBAREK 2.

يقول محمد الهدار لأولاد امبارك
جنوب غرب موريتانيا:

أولاد لمبارك تجمعة وخبرت ولعيبات تشمعة
وبشمعة ذاك ويلمعة
لمروة تتناودة تود مافيهم واحد بيكلعة
من لوخر كون أثرو بالكود
لي تنيد الطلبة تنفعة
يكك لمرابط فية متشدود
لمتين العرب يفكعة فم لنعود لمعاة النمود
تيكطعة زاد وترجعة
من لرط للي خروب أتود
أولاد لمبارك تلك المد
قبيلة ماكيفتة حد
بية فية محمود والشيخ ولمحمد لحمد
وغيرو وغيرو معهود
الشيخ أفطن ولد أحمد سالم ول أمل محمود
محمود أمل ولد أحمد مبلود.

Dans cette poésie, LE GRAND HEDDAR citait alors les principaux chefs OULAD MBAREK du sud-ouest mauritanien, notamment notre grand père CHEIKH OULD AHMED SALEM, évoqué volontairement deux fois par HEDDAR et qui de son vivant disait à EL HACEN, son fils : « Quand j'ai fait l'éloge des OULAD MBAREK, j'ai cité deux fois ton père CHEIKH, donc tu dois me donner toujours, le double de ce que me donne les autres OULAD MBAREK »

5/LOUBEIRID : CAPITALE DES OULAD MBAREK AVANT QU'ELLE NE SOIT AUJOURD'HUI, CAPITALE DE L'EMIRAT DU TRARZA.

En 1968, les OULAD MBAREK 2 étaient semi sédentarisés dans la CHEMAMA à l'Est de KEUR MACEN, et avec leur école : l'école de NDID BGHAW. En 1969, lors de la grande sécheresse, et avec l'achèvement de la route Nouakchott-Rosso ; EL HACEN décida de créer LOUBEIRID à 34 KM de ROSSO, afin d'éviter l'enclavement de son VRIG. Son campement était alors fort de 300 tentes ajoutées aux IKOUMLILEN EHEL ETHMANE, qui ont décidé eux aussi de le rejoindre dans ce nouveau site. LOUBEIRID offrait aussi l'avantage d'un sondage légué à EL HACEN par l'entreprise française SACER BOURDON ET CHAUSSES, qui a réalisé la route ROSSO/NKTT. Dès sa création en 1969, LOUBEIRID connut un afflux massif de populations environnantes gravitant autour des OULAD MBAREK et leur école, dite : ECOLE LOUBEIRID OULAD MBAREK 2.

L'émir Trarza de l'époque : HBIB OULD AHMED SALEM se rapprocha d'EL HACEN et scella avec lui, une alliance sans précédent. Tellement les deux personnes étaient devenues complices et manœuvriers dans toute la Moughataa de KEUR MACEN.EL HACEN était accusé par les OULAD MBAREK 1 de BOMBRI d'être au service de l'émir. EL HACEN consolida cette alliance jusqu'à nos jours, en cédant définitivement LOUBEIRID à l'émir HBIB et renforça les liens guerriers avec l'Emirat du Trarza, en mariant sa sœur DJILITT à son ami de toujours : HBIB OULD AHMED SALEM OULD BRAHIM SALEM. Plusieurs fractions OULAD MBAREK mécontentes de cette alliance, rejoignirent BOMBRI et fondèrent même plus tard, un BOMBRI BIS : CHARIGHA.

Quant à EL HACEN, il prit sa retraite et fonda HASSENIYA en 1989, et pour ne plus sortir de la mosquée jusqu'à sa mort en 2013.

6/BOMBRI : LA DERNIERE GRANDE AGGLOMERATION DES OULAD MBAREK DU SUD OUEST MAURITANIEN

BOMBRI est aujourd'hui, une agglomération semi urbaine et imposante sur la route ROSSO-TIGUENT, de par sa dune et son espace inter dunaire propice à l'habitat. Avec ses nouvelles infrastructures (Lycée et collège, dispensaire, sondage) elle a attiré plus d'une tribu, depuis sa première école créée par ABDEL HAYE OULD HOUSSEIN des OULAD MBAREK 1, ajouté aux autres populations MBARKIS, qui ont créé la ville dans les années 40.Son foncier rural devient cher, car les populations environnantes se sédentarisent de plus en plus et les fractions OULAD MBAREK de la ville, quoique divisées, sont très sollicitées pour la concession de lots çà et là. Certains jeunes OULAD MBAREK commencent à s'inquiéter aujourd'hui, car démographiquement et politiquement, la ville va leur échapper un jour, du fait de l'affluence massive des autres populations de la Moughataa de KEUR MACEN. Un autre BOMBRI BIS, appelé CHARIGHA a été créé en prolongement de la ville, par des fractions OULAD MBAREK venus de LOUBEIRID et mécontents de la cession de cette localité à l'émir du Trarza, feu HBIB OULD BRAHIM SALEM.

7/LES VALEURS ET TRAITS CARACTERISTIQUES DES OULAD MBAREK DU SUD OUEST MAURITANIEN

7.1 L'HOSPITALITE : UNE TRIBU REFUGE POUR LES FAIBLES ET LES EXILES DE TOUTE LA MAURITANIE :

Les VIRGANES OULAD M'BAREK DU SUD-OUEST MAURITANIEN étaient le refuge de toute personne exilée du reste de la Mauritanie, démunie ou chassée par sa tribu, avec des tentes réservées à tout hôte. De mémoire des anciens, le VRIG OULAD M'BAREK était le lieu de résidence de tous les exilés de la Mauritanie profonde : poètes, griots, forgerons, marabouts, etc. C'est ainsi qu'on trouvait des ressortissants de la plupart des tribus de Mauritanie, parfois démunis, mais bénéficiant de la générosité des OULAD M'BAREK qui est sans égale dans la CHEMAMA-EST de KEUR MACEN.

7.2 LES VALEURS GUERRIERES ETAIENT OBLIGATOIRES POUR LES JEUNES MBARKIS DANS LE SUD-OUEST MAURITANIEN, JUSQU'EN 1968 ET AVEC DE RUDES EPREUVES :

Les guerriers OULAD M'BAREK du sud-ouest mauritanien étaient soumis à de rudes épreuves, selon la tradition. En effet le guerrier OULAD M'BAREK, dès son jeune âge, doit apprendre à :

- Manier d'abord le fusil, ensuite le lancement des flèches, puis la conservation du feu,
- Apprendre à survivre seul, en forêt, notamment par la pratique de la chasse au gibier,

- Maitriser la nage, car le sud-ouest mauritanien était une zone de marécages, de fleuve et de marigots : Jusqu'en 1970, et à l'occasion de chaque fête, un concours de traversée du fleuve Sénégal, était organisé pour les jeunes OULAD M'BAREK. Cette maitrise de la nage a été d'un grand service, pour les tribus maraboutiques ayant subi la sécheresse en 1969.En effet, devant le refus des villages sénégalais d'accepter la traversée du fleuve par des nomades acculés par la sécheresse, le chef OULAD M'BAREK, HACEN OULD AHMED SALEM a ordonné à ce que tous les jeunes de son campement, aident les TENDGHA (notamment AMAREGHDEBIJA venant d'OUAD NAGA) à faire traverser leurs troupeaux au Sénégal.
- Affronter les fauves, la nuit, était l'autre épreuve la plus rude.

Cette éducation a permis aux générations OULAD M'BAREK qui l'ont subi, d'être craints et respectés par les tribus partageant le même espace. L'histoire locale de la tribu, retiendra l'exploit de MOHAMED OULD AHMED ELY qui, un jour affronta deux cobras, occupant l'unique puits d'approvisionnement en eau de tous les campements alentours, et empêchant ainsi toute personne de s'abreuver. MOHAMED n'hésita pas un seul instant, à descendre au fonds du puits et affronta les deux reptiles. Il les tua tous, et puisa toute l'eau du puits qui était devenue toute rouge de sang et de venin ; il a permis ainsi à tous les campements de s'abreuver, car les puits dans le temps, étaient assez rares.

7.3 LA VIE EN SOLITAIRE POUR LES JEUNES MBARKIS DANS LA FORET : L'EXEMPLE DES JEUNES DITS ELBABOUCHES CHEZ LES OULAD MBAREK DU SUD OUEST MAURITANIEN.

Dans la tradition des OULAD M'BAREK du sud-ouest mauritanien, il y a l'encadrement des jeunes, qui à 18 ans, doivent rester en dehors du campement et vivre ainsi en forêt, tout en surveillant de loin, les allées et sorties de la collectivité tribale, en cas d'attaque, ou de provocation de la part des rivaux. Parmi les groupes de jeunes, il y avait les ELBABOUCHES, groupe auquel appartenait mon père EL HACEN, ainsi que son cousin SAAD, et qui était craint par tous, du fait de ses pièges à fins d'humour ou de rigolades. En effet les ELBABOUCHES, solitaires en forêt ne manquaient rien au monde, de mettre quelqu'un, dans une situation de drame. Un jour, lors de la fête de TABASKI, une grande famille OULAD M'BAREK devait envoyer à son beau-frère, un grand repas, conformément à la tradition. La famille du beau frère était de l'autre côté du fleuve Sénégal et on confia à un puissant bonhomme, le soin de traverser dans une pirogue et amener le repas à la famille précitée. Mais c'était sans compter, avec le groupe des jeunes ELBABOUCHES, qui montèrent à la nage dans la pirogue, au large du fleuve et simulaient aussitôt une dispute entre eux, jusqu'à renverser la pirogue et récupérer le copieux repas. Le puissant bonhomme ne voulait que son salut, après le renversement de la pirogue, et au bout du compte, il était finalement arrivé à sa destinée arguant que les caïmans ont renversé la pirogue. La TABASKI du beau frère ainsi entachée, les ELBABOUCHES sont venus en fin de soirée lui compenser le copieux repas, par l'apport d'un mouton, tout en disant à tous les récipiendaires qui n'attendaient que le repas, que c'étaient eux les caïmans qui ont renversé la pirogue, mais un caïman ne s'excuse jamais devant les personnes, tradition fluviale oblige.

7.4 LE RESPECT DE LA PAROLE DONNEE

Dans le sud-ouest mauritanien, la tradition populaire des gens de KEUR MACEN, évoque dans tout engagement, la phrase suivante : « Parole de MBARKI. » Cela veut dire, est-ce que tu t'engages comme un MBARKI ?

8/ LA FRACTION AHEL AHMED SALEM DES OULAD MBAREK DU SUD OUEST MAURITANIEN : GOUVERNANCE INTELLIGENTE DES OULAD MBAREK DANS UN ENVIRONNEMENT DIFFICILE.

Les AHMED SALEM sont l'une des fractions les plus importantes, des OULAD M'BAREK du sud-ouest mauritanien. Elle est aujourd'hui la plus réputée et la plus généreuse, car elle organise depuis plus de vingt ans, des distributions volontaires précédant le Ramadan de chaque année. Cette réputation, elle la doit, à une succession de guerriers intègres, craints et généreux, dont le dernier est : EL HACEN OULD AHMED SALEM, mort en 2013.

Ci-dessous, la généalogie de la fraction des AHEL AHMED SALEM, dont le chef AHMED SALEM, est cité dans les archives coloniales, comme un chef à apprivoiser et à honorer, car très respecté dans la zone du delta. Son petit-fils EL

HACEN a hérité de ce respect, et a été toujours honoré par les français, à travers la fourniture annuelle d'une arme. (voir annexe) .

<u>GENEALOGIE GENERALE DES AHEL AHMED SALEM DES OULAD MBAREK DU SUD-OUEST MAURITANIEN :</u>

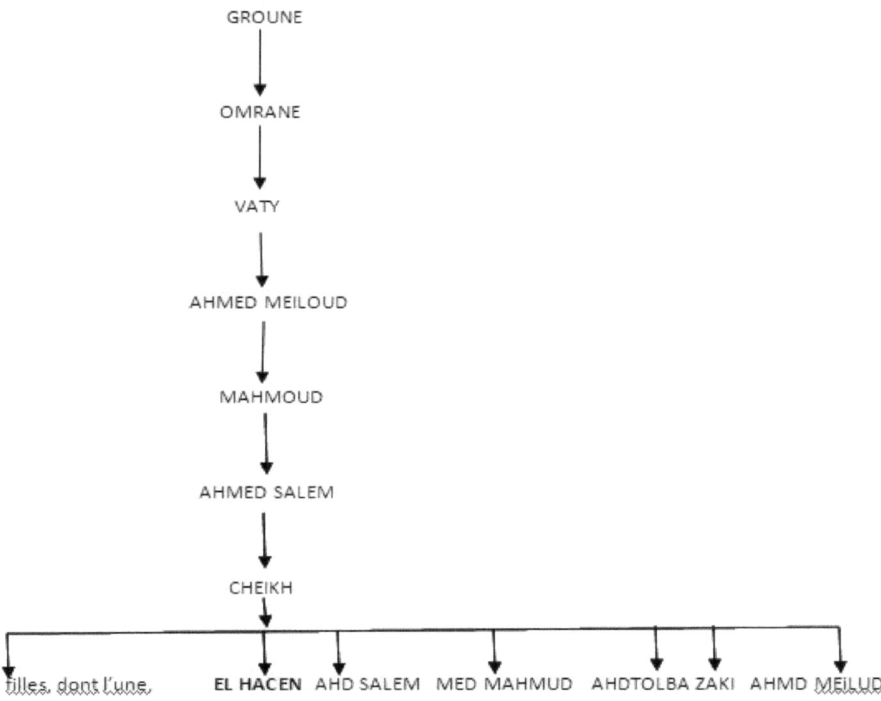

L'une de ces filles ; la reine DJILITT MINT AHMED SALEM EST MARIE AVEC L'EMIR DU TRARZA HBIB OULD AHMED SALEM, a qui EL HACEN a cédé en 1969, LOUBEIRID, capitale actuelle de l'Emirat du Trarza. Deux émirs sont nést de cette union : MOCTAR SALEM et SIDI. les autres filles sont : AICHETOU, MEWJEBHA, SOUELMA, TINBICHITT, ET LEMHABA.

La tradition des EHEL AHMED SALEM est de prendre en charge, chaque famille démunie et de toute origine, arrivant au voisinage des OULAD MBAREK. Tous les commerçants de la fraction EHEL AHMED SALEM qui travaillaient au Sénégal étaient astreints à amener aussi, un double de ce qu'ils apportèrent, aux familles pauvres du campement.

9/EL HACEN OULD AHMED SALEM 1924-2013 : INTELLIGENCE, SAGESSE ET GENEROSITE.

Le 24 janvier 2013.JOUR DE L'ANNIVERSAIRE DE LA NAISSANCE DU PROHPETE, PAIX ET SALUT SUR LUI, la Mauritanie a perdu l'un des derniers hommes de valeur, un pur MBARKI : EL HACEN OULD AHMED SALEM. Le cimetière de LOUBEIRID où il a érigé son tombeau à l'avance, grouillait de monde, ce jour-là. Depuis 20 ans, où il avait marqué de son vivant sa demeure dans le cimetière de LOUBEIRID, ville qu'il a érigée lui-même, EL HACEN ne demandait qu'à être enterré avec le petit fils de CHEIKH MOHAMED EL MAMY, le grand saint des EHEL BARIKALLA, EL MAMY OULD ALIINE OULD CHEIKH MOHAMED EL MAMY, l'inséparable ami de EL HACEN. Il avait demandé à toute sa famille de ne pas occasionner des cérémonies solennelles à sa mort, et de quitter même son village pendant les jours du deuil. Toute la fraction AHEL AHMED SALEM a remarqué que c'était sage de sa part de faire cette recommandation, car à sa mort, son village allait être inondé de monde, venant de toute la Mauritanie et du Sénégal ; et avec de nombreux animaux en sacrifice.

EL HACEN, dès son jeune âge, était le stratège de son père CHEIKH OULD AHMED SALEM et plus tard, le stratège de tous les OULAD M'BAREK du sud-ouest mauritanien. En effet, son père lui avait confié dès sa jeunesse, les missions de chasse dont dépendait à l'époque, la survie du campement, notamment lors des famines. A la famine de 1942, on confia à EL HACEN, la lourde mission de passer les contrôles français du Sénégal et de la Mauritanie, et de ramener de Gambie, des convois clandestins de céréales et de tissus, afin que le campement OULAD M'BAREK soit approvisionné à l'époque.

Né en 1924 à AOULIG (KEUR MACEN), EL HACEN a perdu sa mère AICHETOU MINT SAAD OULD MOHAMED EL HOUSSEIN, une pure M'BARKOISE, très tôt. Auparavant, elle l'avait élevé, dans un milieu de cousins et de cousines, en perpétuelle émulation. Comme tout jeune m'BARKOIS, il lui était interdit de dire : j'ai faim ; j'ai soif, je suis fatigué, j'ai peur, etc.

En 1940, après l'éducation guerrière traditionnelle, son père l'envoya à Saint Louis du Sénégal, pour apprendre le commerce, qui lui réussit. Il initia ensuite ses frères au commerce et étendra ses activités, jusqu'à Dakar, dans les années 50.

En 1951, avec la crue du fleuve Sénégal, qui s'étendra jusqu'à Nouakchott, EL HACEN fut chargé d'approvisionner les OULAD M'BAREK en vivres à partir de ROSSO, alors qu'ils étaient remontés exceptionnellement jusqu'au nord de Nouakchott à JREIDA.

A la mort de son père CHEIKH, en 1964, il prit la direction des EHEL AHMED SALEM, dans un contexte de rivalités claniques, avec ses cousins EHEL HOUSSEIN. Ces rivalités ont duré une décennie et divisé les OULAD M'BAREK du sud-ouest mauritanien en OULAD M'BAREK 1(chef ABDELHAYE OULD HOUSSEIN) et OULAD M'BAREK 2(chef EL HACEN OULD AHMED SALEM).Les rivalités ont atteint le degré de batailles rangées, tant au Sénégal qu'en Mauritanie. EL HACEN se distingua notamment par le lancement d'un commando tribal qui quitta la Mauritanie jusqu'à Dakar, en 1967, sans être intercepté, pour infliger ensuite, à ses adversaires de lourdes pertes, en plein Dakar. La préparation du commando était d'autant plus difficile, qu'EL HACEN était astreint à une résidence surveillée à la brigade de gendarmerie de Rosso.

Le commando reviendra, sain et sauf en Mauritanie ; ce qui a surpris tout le monde et ce dans la plus grande discrétion. EL HACEN gagna en réputation et restera respecté par ses adversaires, jusqu'à la fin de sa vie en 2013.L'intelligence de HACEN était toujours complétée par **les sages conseils de sa cour permanente, constituée de grands érudits qui étaient tout le temps à ses côtés**, comme par exemple :

- AHMED LMOUHAMDASKIR, dit DIAKHATE KEUR MACEN, de la grande tribu LAGHLAL,
- AMAR SALEM OULD ABDI, chef des OULAD AKCHAR du sud-ouest,
- MOHAMEDOU OULD MATALLA, des OULAD M'BAREK 2,
- CHEIKH OULD NENNAH (récite le coran) des LAGHLAL,
- ABOUBEKRINE OULD NDEMDI,
- MOHAMED LHIMDANE des LAGHLAL,
- MOHAMED LTEF de la grande tribu IKOUMLEILEN,
- EL MAMY OULD ALINE OULD CHEIKH MOHAMED EL MAMY, de la Grande tribu EHEL BARIKALLA,
- MOHAMED LEMINE (récite le coran) de la grande tribu IDEYBOUSSAT,
- DAHMANE (récite le coran) de la grande tribu TAGNEITE,

- MOHAMED MAHMOUD OULD KHOUNA de la grande tribu IDEGJMELLA, de MAGTA LAHJAR.
- Le grand cadi de Mauritanie LIMAM OULD CHRIF de la grande tribu des MEDLECH,
- Et enfin l'inséparable MADI OULD YABOUNE de la grande tribu TENDGHA, qui tient toujours à parler sa langue berbère car dit-il, je suis protégé par les OULAD MBAREK et les fils d'EL HACEN jusqu'à la fin de ma vie.

En 1970, EL HACEN faisait partie des SIOUFS MACEN (les chefs de MACEN, notamment, avec HBIB OULD AHMED SALEM, émir du Trarza, AMAR SALEM chef des OULAD AKCHAR de KEUR MACEN, AHMED LHAMDI des TAGHRADEINT, etc.) lors de la création de la MOUGHATAA DE KEUR MACEN, avec le Chérif Mohamed El Mamoune dont il était le premier préfet. Il était consulté ainsi, avec ses collègues chefs, par toute l'administration sur les affaires locales. En 1968, il avait reçu auparavant, dans son campement à AOULIG, la visite de FEU MOKTAR OULD DADDAH, premier président de la république islamique de Mauritanie. En 1966, il créa dans son campement à DORAGUA, puis ensuite à NDID BGHAW, la première école OULAD M'BAREK 2. Cette école fût ensuite transférée en 1969, à LOUBEIRID lors de l'alliance d'EL HACEN avec l'émir du Trarza HBIB OULD AHMED SALEM. Cette école a vécu jusqu'à une date récente, sous l'appellation ECOLE OULAD M'BAREK 2 LOUBEIRID.

En 1976, EL HACEN migra avec sa famille à Nouakchott, pour achever la construction de ces deux maisons, avec celles de ses frères, sises entre la polyclinique et la mosquée marocaine, sur l'avenue KENNEDY. L'une des maisons abrita sa famille, et l'autre fut louée. Les revenus de la location de l'une des maisons, est distribuée entre pauvres, et ce de 1980 jusqu'à nos jours.

EL HACEN prendra sa retraite définitivement en 1981, et ira en pleine brousse de KEUR MACEN, pour se sédentariser plus tard à HASSANIYA en 1989. Depuis cette date, EL HACEN n'a jamais quitté la mosquée, et s'est attelé à distribuer chaque année, les repas pour les pauvres et à leur offrir, dans son village, logements gratuits aux premiers venus. Son intérêt pour les pauvres lui a valu d'être appelé : EL HACEN LE GENEREUX.

Sa mort, en 2013, le jour de la naissance du prophète et en début de vendredi, fut interprété par tous, comme étant une mort particulière d'un véritable homme des pauvres. Ses consignes étaient comme rappelé ci-dessus : ne pas faire un carnaval à sa mort et lui implorer dieu. Quant à sa famille, il, lui a toujours recommandé d'être auprès des pauvres et ne jamais manquer à sa parole.

10/LA POESIE EN DEUIL SUR EL HACEN OULD AHMED SALEM

La mort d'EL HACEN fut un deuil pour tout le département de KEUR MACEN et au-delà, toute la Mauritanie, le Sénégal et le Mali. Que tous ce qui ont marqué sa mort par une poésie, veuillent bien nous excuser car, on n'a pas pu retenir tout ce qui a été présenté comme poésie à sa mort. Ci-dessous quelques poésies, dont les plus illustres sont AHMED OULD SIDI BABA OULD AHMED YOURA (récite le coran) de la grande communauté EHEL AGHEL de BOER TORESS, CHEIKH LEKBIR OULD MOHAMED ASKEUR (récite le coran) de KEUR MACEN, LEMANA OULD HIMDANE, EL ABASS OULD HOUSSEIN (Cousin d'El Hacen et des Oulad M'Barek 2 :

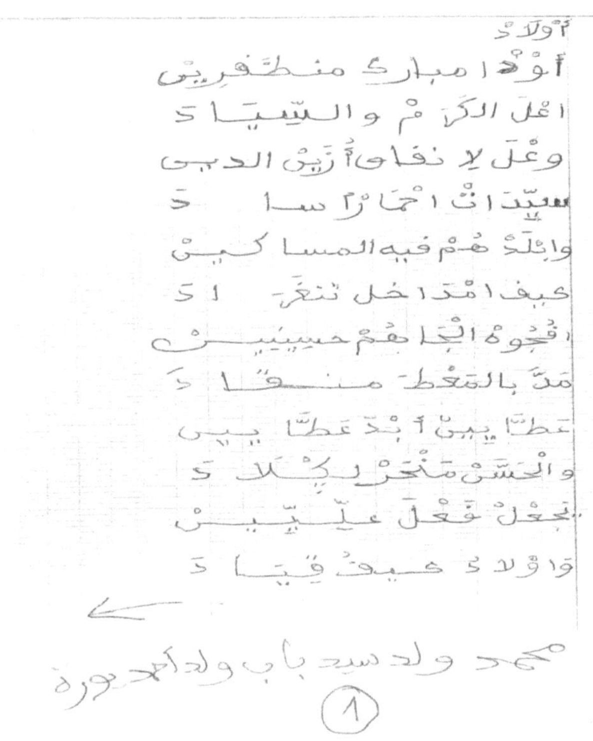

وَيِّ قَوْء فلقَضْل آمين

فَضْلِتَ مَاء مَغْتَاء

قال بلا وار السيا
الحسن ولد احيداه كبد ماكه ادعنى
سالم محمد سالم مارييشهد بالحسن
تحطيه الرحمه والغفران و اعطيه اجر والغفران
زك حسنات يالسجاء فازكات منزل السن
يحطيه و يحط داك الكتاب
يا خط فاطمه فالصريك
و اجعل فحبال داك الشان والجنى
احسنى اسعاه اغاريس

بل بانی من لدیهن   تسخر یوم ... (١)
أبل اکسم کاداعلی   من مال حلال الحین
دبیر داعل علیی   نالله أجازیه الحسن

شهدتل لهم بالنقاوی   بالخیر الانعاف الحسن
واسناد م شهدتل لاقاوی   بالخیر ارحیل ما یسطنا

بسم الله الرحمن الرحيم

والصلاة والسلام على ... الكريم

أعوذ بالله من الشيطان الرجيم

يا أيتها النفس المطمئنة ارجعي إلى ربك راضية

مرضية فادخلي في عبادي وادخلي جنتي

تعالوا بنا لنستخلص ونستلهم العبر والعظات

في هذا اليوم المبارك مع روح فقيد ... الطاهرة من

أبو الفقراء والمساكين الحسن بن الشيخ ولد ... عليها

تغمده الله بواسع جناته والهمنا بحسن الصبر والسلوان

وإنا لله وإنا إليه راجعون

... أخبار هذا الرجل ... وللقلوب وجلاء

للألباب من الدنيا والعيوب وقدوة في من قلت

فيه القدوات

(2)

بالوقوف على دقائق حياته العمر؟
تجعل القلوب وباقتفاء أثره تحصل
السعادة وبمعرفة مناقبه تكون
القدوة بجميل الخصال ونبيل المآثر
والفعال، لقد عاش عمر المديد في عالم
الإيمان والطهر والعفاف والنبل
والعطاء والوفاء حتى لقب بالحكيم
في تصرفاته ورجاحة جعلته المشاكل
التي جرت في محيطه .
كان رحمه الله في غاية الكرم والجود
واللطف على الفقراء والمساكين

(2)

وحب الخير وودّه

طالح يحفظه الخصب صحائف

الحياة وشؤون الناس وأحوال

الضعفاء فاعدح عليهم رحمه الطيب

وأوصى بنبيه اليرقة بذلك

لقد استشعر الحسن رحمه الله معنى العبودية

لته الواحد الأحد فصام نهاره وقام الليل

وعمّر بيوت الله بعدان بها ها بالخشوع

والشكر والابتهال ، وكان يحفّ حسنا

في خلقه حسنا في خلقه حسنا في إحسانه

وكانت قريته حسنة . وأخيرًا لا أملك وأنا ودّع

تلك النفس المطمئنة التي صعدت إلى بارئها حبى

جاء أهلها .

يوم رد المصطفى صلى مهللا

بالتكبير ويوم مات شاخصا

بصره الى الرفيق الأعلى

إلا أن أقول ما قال ربنا وقوله الحق

إن المتقين في جنات ونهر

في مقعد صدق عند مليك

مقتدر

في صحبة النبيين وأرضاه

وجعل جنة الفردوس مثواه

الإمام البخاري رحمه

مات الأمانات إلا عظام
حد المتقدم محزرون عام
منشر متعدد ... هام
نت كامل فيه لا فادة
شوق الحسن من توم كام
فيه المعرف لا تنجاد
اللاه فيه إلا يقوام
امرودت و العبادة
طيبه لفجنة وتن تام
الفرحة و السعادة
كا فيه لحل با توه
فحون دوك السادة
مافيهم كون إلجاب توه
ولجدود فالسيادة

الشيخ لكبير ولد محمد داسر

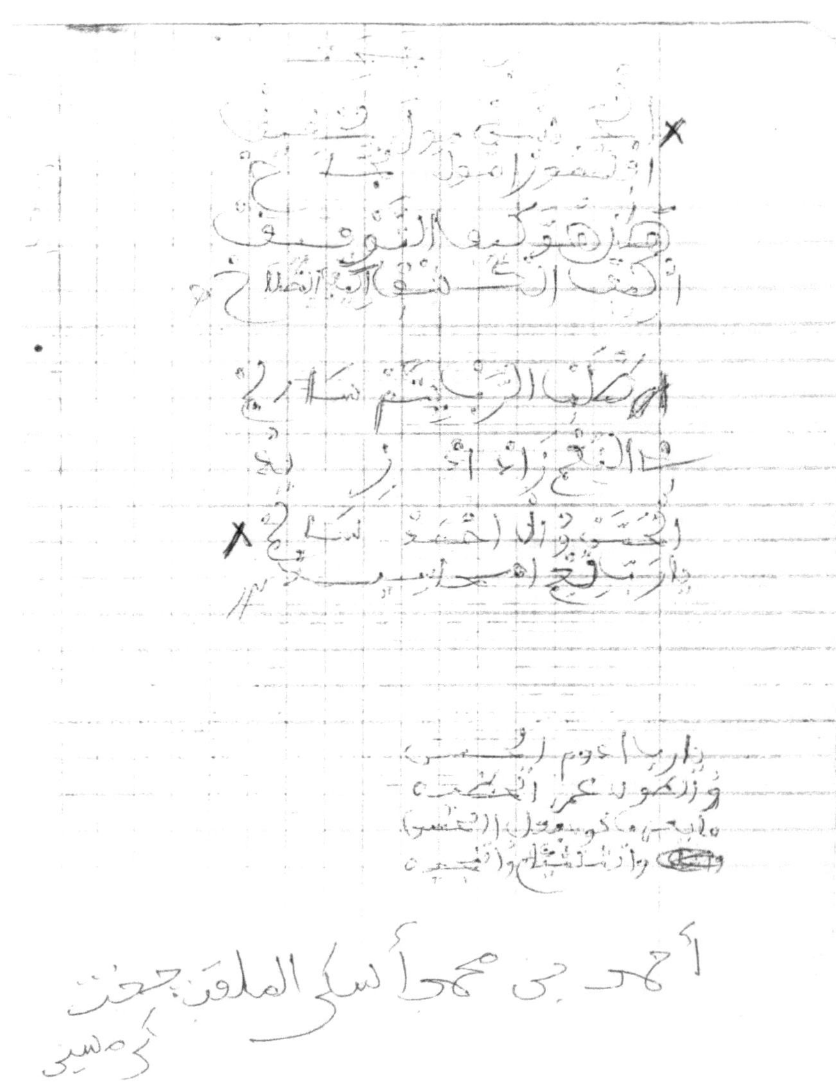

العباس بن الحسين

العباس كيال عن مات ما و حكى الحسن مامات

الحسن والذي نبذ قوات كأس الدار الذي يعمل كان

إله بالصلوات أشباك ما تعميهم كون السيران

وبلسلام الأرو تفنات وبلمان الحسان أكرمان

وشعل قبر بالنبات والنبات أوقت السولان

تقل من بالحسنات واعليه الروضه والرضوان

بارك قالبا مؤتهنه من لولا ذ الوم عبان

والتمن ربك تركبه واعليم الدار عند كان

بسم الله الرحمن الرحيم

مرثية لفقيد: الفقراء والمساكين المرحوم
الحسن ولد أحمد سالم تغمده
الله برحمته، وأدخله فسيح جناته، وإنا لله وإنا إليه راجعون

الحسن للضعيف أسند
والكبله راع كل أيلد
أمساكين الهم كان أزود
ما يفطك ما هيش يبلد
أمعطاه، أهيله أمسند
وأخلاق أكبير ما يرتد
يالله أعطيه ألي يقصد
ناوفيه، أرحم عن جد
وأعطيه الجن بالصمد
والجنان الحسن يسكن
يارك أباولاد ما يتمكن

ول أحمد سالم ذاك أرث
مصاب، أمصابه قه كان
وأمان، أبالغفم يحسان
للضعيف، ألاه ضمان
من لحسان ألمان أهلان
وفعل كيف أوفعال السلطان
كان أيزاك، أذاك ألكان
لين الكاسك ماه حشمان
والتوفيق أحسن الجيران
يالمان الجني الممان
كون لعهود كيف عيان

يسلم العقيبى الى رحمة ربه = محمد بن ياب بن البيظ

بتاريخ: ١٢ ربيع الأول ١٤٣٤هـ
موافق ٢٤ يناير ٢٠١٣م
ورحم الله من دعا لي بخير

قال الداود ... أحمه سالم

أُحسِنونَ ما حَظّ ... تَحى ... أحسنى

مُسالم محَّ سالم ... جار يشهد بالحُسنى

تغطية الرُّحم والنُّفران وغطية الجوّ والرُّضوان

... حُسنا ... البشان ... حُسنى كل الناس

يقطبه ويُخطّ ذاك الكان ... القُدى والحُسنى

وفعل فعال ذات الشان أمنى أمها أحارسى

يقول اسماعيل ولد لما ؟ يرثي الحسن ولد أحمد سالم:

عَلِيَّةُ الحُسْنِ مَا مَغْرُوق ،، بِيهِ يَشْهَدْ لْ سَمْعْ وُسُوق
هُو عَاشِ اللّسَانْ مَسْرُوق ،، بَالذّكْرَ أُوبَالحُسْنَ كَفْ
يَشْهَدْ جَارْ مَاهُ مَكْرُوق ،، وَالفَعَالْ البِيَّة الْنَّفْ
مَا قِيهُمْ عَنْ بَابْ مَشْرُوق ،، أُوبَالخِيرْ إِتْكَفْ وِتْكَفْ
وَالمَحْسَنْ بَيْرْ مَعْرُوق ،، كَثَرُ وَكَاجْ مَا شَفْ
وَنِى مَسْجِدْ لِلَّهْ أَعْكُوفْ ،، وَفِيهِ عَبَّادُو لَتْمَصَّفْ
وَنَرَاكْ دَرْبِ زَادْ أَخْلُوفْ ،، النّهَجْ مَحَالْ إِتْكَفْ
وِبَذَاكْ اللهْ رَبِّ مَعْرُوق ،، أَمْكَرّمْ حَسَّانْ إِبْعَفْ
لِجَانْ المُوتْ أَجْوَانْ أَطْيُوفْ ،، النّفْسِ أُو قَلْبْ إِرْطَفْ
أَفْلَحْ دَرْبِ وَقَبِلْ زَادْ ،، رَبِّ حَسَّانَكْ وِبْطَفْ
عَنْ حَرْ أَنْوَارْ المِيعَادْ ،، البِيَّة أَمْلُوكِكْ تَطَفْ.

آمِينْ

الأمل الجديد — Le Nouvel Espoir
يومية - إخبارية - جامعة

مدينة قديمة تيشيت
رابـ..د في التاريخ امخيخ
والـلا لحكـ.ـه ن متن الصيت
تشيـ.ـ الل .جـاه فات الشيخ
أبر مدين ولد أباته

اسم "زلاتان" إبراهيموفيتش يدخل في قاموس اللغة السويدية

أقر المجمع السويدي للغة إدخال 39 كلمة جديدة على القاموس، من بينها فعل "زلاتان" الذي يعني الهيمنة والسيطرة بقوة، وقد بدأت هذه الكلمة في الانتشار في الشارع ومسيطرته على زملاء، بخلاف موهبته.

زلاتان إبراهيموفيتش، البالغ من العمر 31 عاما، ذو الأصول البوسنية، اسمه بأحرف من نور في تاريخ الكرة الأوروبية، بعد أن تألق بقمصان جميع الفرق التي لعب لها، بدءا من أياكس أمستردام ثم يوفنتوس وإنتر ميلانو وأيه سي ميلان ثم برشلونة الإسبانية، قبل أن ينتهي به المطاف حاليا في عاصمة النور باريس.

الحسن ولد الشيخ ولد احمد سالم في ذمة الله

انتقل إلى جوار ربه يوم أمس الزعيم التاريخي لقبيلة اولاد امبارك فرع اهل احمد سالم في اترارزة الحسن ولد الشيخ ولد احمد سالم عن عمر يناهز الثمانين...

1991

1994

42 متر

11/ L'HERITAGE D'EL HACEN OULD AHMED SALEM.

EL HACEN a cultivé d'abord l'intelligence, les valeurs et le respect de la parole. Dans le sud-ouest mauritanien, la parole d'EL HACEN était absolue et son engagement valait tout. L'Emir du Trarza HBIB et plusieurs chefs de tribus venaient, de leur vivant, lui demander conseils.

QUELQUES MAXIMES D'EL HACEN :

- On a qu'une parole à donner, et cela constitue l'essence même de toute personne. Si vous perdez votre parole, vous perdez toute crédibilité et au-delà, c'est votre famille et votre tribu, que vous discréditez.
- Visitez votre voisin et votre cousin, honorez-les, même s'ils ne vous aiment pas.
- Donnez toujours, aux pauvres mais dans la discrétion.
- Si vous voyagez : renseignez-vous sur la terre de destination et demandez à ses habitants,

EL HACEN a réalisé dans son dernier village appelé HASSANIYA, et au bénéfice de ses voisins nécessiteux :

- Une école : l'école EL GHARVA avec une cantine,
- Un dispensaire,
- Une association de solidarité : l'association GANATE.
- Des logements,
- Des repas en nature pour 160 personnes à chaque RAMADAN.

CONCLUSION

 AU SECOURS, Il y a le patrimoine OULAD M'BAREK qui est en voie de disparition avancée, un patrimoine constitué de :

- Des modes musicaux inédits empruntant à la fois, à la musique soudanienne et à la musique arabe.
- Un recueil de poésie,
- Les fondements du courage, du génie de la guerre, de l'endurance et de l'art de vaincre toute peur,
- Un capital de chevaux de purs sangs appelés MEZZOUZA.
- Un capital de valeurs, de comportements et de savoir vivre.

La Mauritanie a une lourde responsabilité dans la perte du patrimoine OULAD M'BAREK, car il n'y a jamais eu un programme de valorisation en ce sens.

Quant à ceux qui se réclament, aujourd'hui de la communauté OULAD M'BAREK, tant au Maroc, en Algérie, au Mali, en Mauritanie et au Sénégal ; ils ont aussi leur responsabilité, car ils n'ont jamais eu le moindre réflexe d'organiser, par exemple, un festival relatant le patrimoine OULAD M'BAREK.

REFERENCES BIBLIOGRAPHIQUES

- (1)LIVRE de PAUL MARTY qui a vécu entre 1882-1938 : « Etude sur l'islam et les tribus du Soudan, Tome 3, éditions collection de la revue du monde musulman, les tribus maures du Sahel et du Hodh, Paris, éditions ERNEST LEROUX,28 rue BONAPARTE ,Paris VI,497 pages, repris en éditions de la BNF(bibliothèque nationale de France)PAUL MARTY 1921.On retrouve à la fin de son ouvrage la partie réservée aux OULAD MBAREK avec leur généalogie , leurs fractions et leur expansion.
- (2)EXTRAITS DU LIVRE DU GENERAL FAIDHERBE : « Le Sénégal, la France dans l'Afrique occidentale » Ministère de l'instruction publique/Dépôt de l'Etat 1895/Librairie HACHETTE, 79 Boulevard ST GERMAIN 1889/520 P.SON RECIT COMMENCE à PARTIR DE 1810.Dans son livre, il fait mention d'une carte indiquant l'Emirat OULAD MBAREK.
- (3) PAUL MARTY : « Etude sur l'islam et les tribus maures »/LES BRAKNA, première partie, Paris, éditions ERNEST LEROUX, 1920, page 5.
- (4) MODAT COLONEL : « Portugais, Arabes, et Français dans l'Adrar mauritanien ».
- (5)Mungo Park Ecossais, et envoyé de la société de géographie, comme explorateur et ayant vécu de (1770-1805) avec le livre : « Voyage dans l'intérieur de l'Afrique fait en 1795, 1796, 1797 ? »/voir notamment la partie réservée au royaume maure qu'il appelle : LUDAMAR (OULAD AMAR) et le récit de sa captivité dans cet Emirat OULAD MBAREK. Traduction de l'anglais fait sur la 2e édition par J. CASTERA (1799) Préface d'Adrian Adams François Maspero, Paris 1980.
- (6) ABDALLAHI KHALIFA : « La région du Tagant en Mauritanie : l'oasis de TIJIGJA entre 1660 et 1960 », édition KARTHALA.
- (7) FREREJEAN COMMANDANT : « Mauritanie 1903/1911, mémoire de randonnées et de guerres au pays des BEIDANES », Paris, KARTHALA, 1995.
- (8) MICHEL GUIGNARD : « les griots maures et leur musique : origines et évolutions contemporaines » in congrès des musiques dans le monde de l'islam. ASSILAH 8/13/8/2007.
- (9) Rapport du gouverneur SCHMALTZ sur les IDOWISH et le poste de BAKEL 1820.
- (10) DESIRE VULLEMIN : « Introduction à la Mauritanie » - Aperçu historique de la Mauritanie du 19 siècle à l'indépendance - Institut de

recherches et d'études sur le monde arabe et musulman, Marseille, France.
- (11) VINCENT JOLY : « Le Soudan français de 1939 à 1945 : une colonie dans la guerre », KARTHALA EDITIONS.
- (12)La revue : « LA DEPÊCHE COLONIALE « Illustrée numéro 3 du 15 février 1906(Directeur J.PAUL TROUILLET) 12 rue ST GEORGES, Paris,
- (13) Témoignages recueillis auprès de lettrés Trarza.
- (14) Ouvrage de Muhamadun UL Babbah sur Mohamed Yedali,1990.

ANNEXES

N O T E   DE   S E R V I C E .-

à

M.Le Chef de section Oulad M'Bareck .-

En attendant le ... une partie de votre fraction, il a été convenu que vous ne rendrez plus visite à vos adversaires et ceux – ci ne se rendraient pas dans votre campement . .

Vous êtes prié de respecter cette convention ./.

Le Chef de Subdivision,

P R U L I E R E .-

Gopie à CHEIKH O/AHMED SALOUM

ANNEXE 2 : En 1956, le gouverneur MOURAGUES du territoire du Sénégal, autorise le notable EL HACEN O/AHMED SALOUM, à détenir une arme ; ci-joint permis : Toute l'attention était accordée par les français aux notables OULAD M'BAREK au Sénégal, en raison de leur importance.

N° D'ORDRE

TERRITOIRE DU SÉNÉGAL

DÉLÉGATION DE DAKAR

Décret du 4 Avril 1925

PERMIS DE DÉTENTION D'ARMES A FEU

M _Hassen O/ Ahmed J. Saloum_

demeurant à _Dakar_

profession _Notable_

est autorisé à détenir dans les limites de la Délégation de Dakar les armes à feu indiquées ci-après :

Ces armes ne pourront sauf autorisation préalable, être prêtées ou cédées et devront être présentées, ainsi que le permis de détention, a toute réquisition de l'Administration.

Dakar, le 2 8 MAI 1956

Pour le Délégué du Gouverneur,
Le Chef du Bureau des Affaires Politiques et Administratives

PROCES - VERBAL
D'ENGAGEMENT

L'an mil neuf cent soixante huit, et le trois Septembre à 10H45, par devant Nous, SASS O/ GUIG, Adjoint Commandant de Cercle du Trarza et Chef de la Subdivision Centrale de Rosso, assisté du Commandant de la Brigade de Rosso, a été signé au bureau du Commandant de Cercle du Trarza, un Procès-Verbal d'engagement de paix entre les ressortissants des clans des Oulad M'Barek I et II, représentés par les Notables dont les noms suivants

1°/ MOHAMED ABDEL HAI O/ EL HOUCEIN
2°/ MOHAMED O/ AHMED
3°/ EL HACEN O/ AHMED SALEM
4°/ MOHAMEDEN O/ MATALLA

Ces quatre Notables précités se sont engagés à ne plus, de prêt ou de loin, semer des troubles au sein de cette fraction, tant à l'intérieur qu'à l'extérieur du pays -

Il a été porté à leur connaissance que la moindre tentative de bagarre ou de rixe signalée dans l'un ou l'autre clan, sera infailliblement sanctionnée par l'arrestation du responsable chez lequel elle a eu lieu -

Fait et clos à Rosso, les jours, mois et an que dessus - et ont signé avec Nous :

MOHAMED ABDEL HAI O/ EL HOUCEIN
MOHAMED-O/ AHMED
EL HACEN O/ AHMED SALEM
MOHAMEDEN O/ MATALLA

LE CHEF DE SUBDIVISION

SASS OULD GUIG

LE CHEF DE LA BRIGADE

Bala O/ Amar

AMPLIATIONS : M.I.

Intéressés............. 4
MINT................... 1 p.info
Cercle Rosso.......... 1
Brigade............... 1
Archives et Chrono.... 2

ANNEXE 4 : Note de l'Etat mauritanien reconnaissant l'autorité de EL HACEN O/ AHMED SALEM, comme chef de la fraction OULAD M'BAREK 2 :

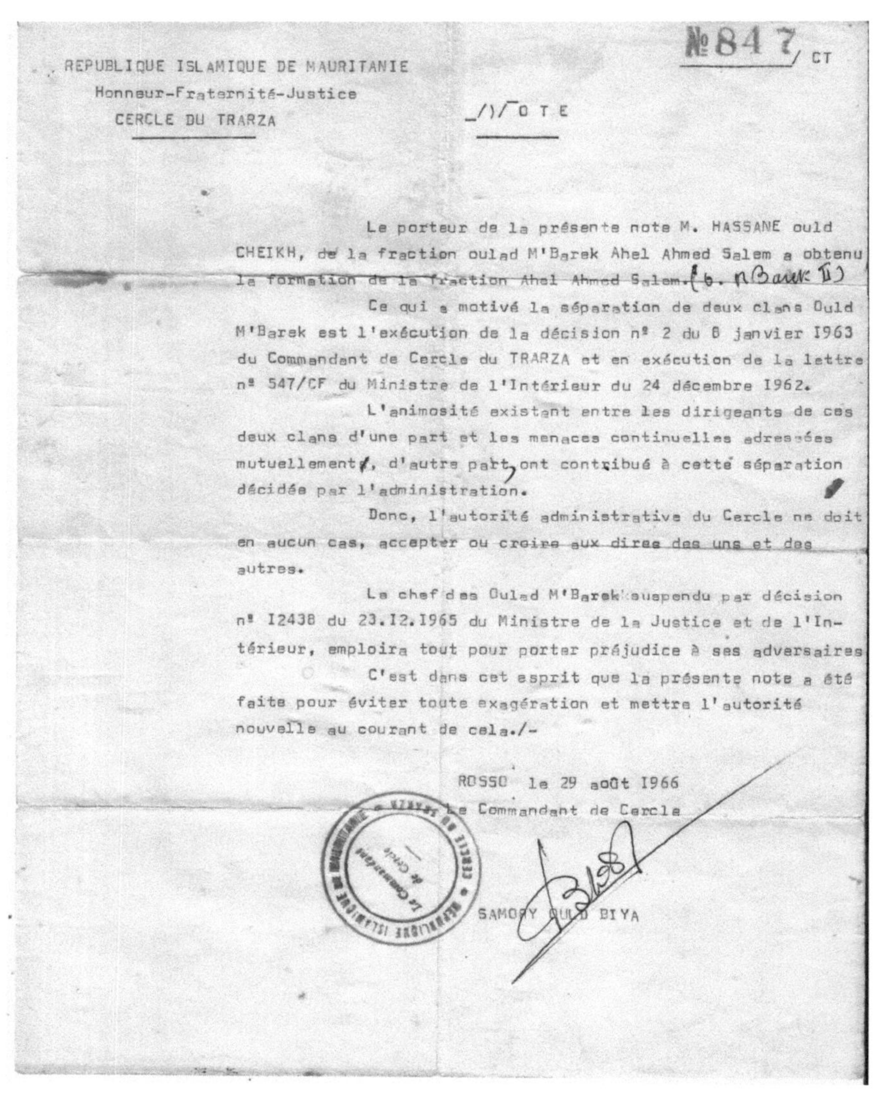

REPUBLIQUE ISLAMIQUE DE MAURITANIE

Honneur-Fraternité-Justice

CERCLE DU TRARZA

№ 847 / CT

_/\/_ O T E

Le porteur de la présente note M. HASSANE ould CHEIKH, de la fraction Ould M'Barek Ahel Ahmed Salem a obtenu la formation de la fraction Ahel Ahmed Salem.(b. M'Barek II)

Ce qui a motivé la séparation de deux clans Ould M'Barek est l'exécution de la décision n° 2 du 8 janvier 1963 du Commandant de Cercle du TRARZA et en exécution de la lettre n° 547/CF du Ministre de l'Intérieur du 24 décembre 1962.

L'animosité existant entre les dirigeants de ces deux clans d'une part et les menaces continuelles adressées mutuellement, d'autre part, ont contribué à cette séparation décidée par l'administration.

Donc, l'autorité administrative du Cercle ne doit en aucun cas, accepter ou croire aux dires des uns et des autres.

Le chef des Oulad M'Barek suspendu par décision n° 12438 du 23.12.1965 du Ministre de la Justice et de l'Intérieur, emploira tout pour porter préjudice à ses adversaires

C'est dans cet esprit que la présente note a été faite pour éviter toute exagération et mettre l'autorité nouvelle au courant de cela./-

ROSSO le 29 août 1966

Le Commandant de Cercle

SAMORY OULD BIYA

ANNEXE 5 : Traité avec les OULAD MBAREK 17 10 1887.

Cote de communication : 40 COL 405, 40 COL 405
Cote d'archives : 40 COL 405
Identifiant ark : ark:/61561/uq106pmikpq
Présentation du contenu : Traité d'amitié, de paix et de commerce. Liberté de circulation des personnes et des caravanes. Achat d'armes et de munitions. Relations avec El Hadj Oumar.Ratification par décret du 17 octobre 1887.
Date : 14 mai 1887
Caractéristiques : 1 original ; 1 copie ; exemplaires imprimés

Traité conclu entre Louis Tautain, commandant de cercle, et Sidi Ahmed ben Mohammadou Lamine, cheik des Oulad Embareck

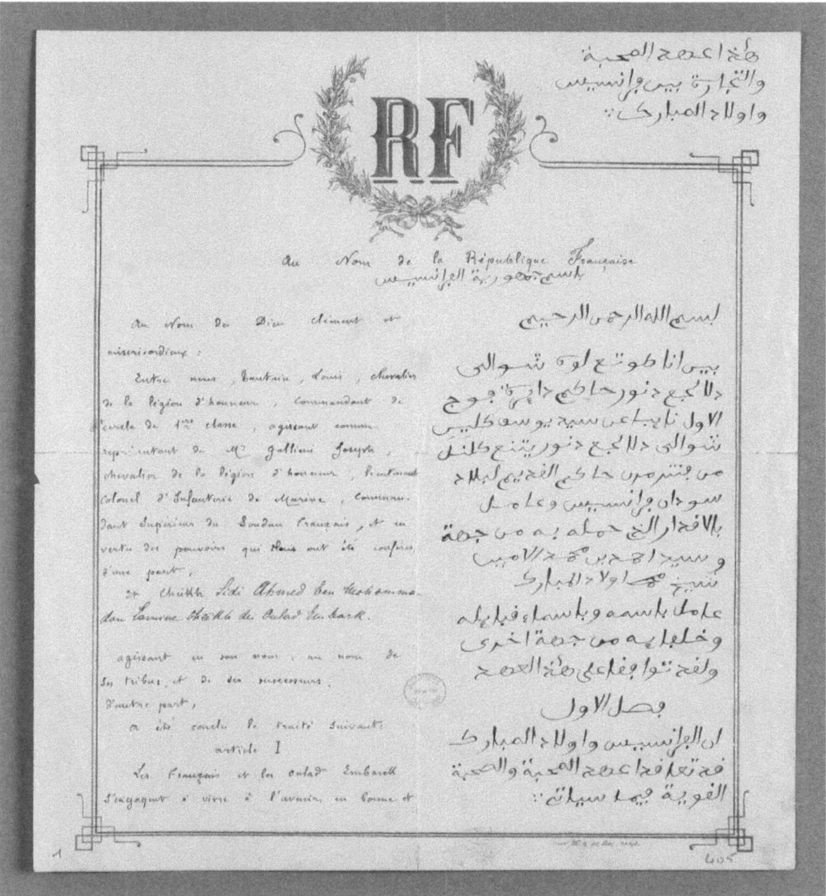

Salifa. annulé

Les Oulad Embarek s'engagent à ne conclure désormais de traités d'alliance ou de commerce avec d'autres nations que par l'intermédiaire des autorités françaises.

Article II

Les Deux contractants s'engagent à respecter les usages, les mœurs, la religion, le mode de gouvernement et l'indépendance l'un de l'autre

Article III

Seuls, les Français pourront circuler librement, s'établir, se livrer à leur commerce, à leurs industries ou à leurs études dans le pays des Oulad Embarek, et y seront protégés dans leurs personnes, leurs biens et leurs usages comme s'ils appartenaient à la tribu, à la condition de se vodu [soumettre] aux lois, les coutumes et la propriété de leurs tils.

De même les Oulad Embarek pourront circuler, s'établir provisoirement ou à demeure sur les territoires soumis à l'action de la France et y seront protégés comme les gens du pays, à la condition de se vodu en vivre les lois, les coutumes et la propriété.

Article IV

Les Caravanes pourront circuler librement chez les Oulad Embarek sans y être molestées en quoi que ce soit et par qui que ce soit; les Français faciliteront aux Oulad Embarek l'achat d'armes et de munitions et assureront la sécurité des marchandises de leurs unions de leurs alliés.

Article V

Les Français, n'étant pas venus dans le Soudan dans le but de faire la guerre, ne peuvent s'engager à soutenir les Oulad Embarek dans leurs misérables querelles

Mais, dans le cas d'une lutte sérieuse apprenie par eux, et spécialement contre le fils d'El Hadj Oumar, les Français promirent aux Oulad Embarek des armes et des munitions et leur fourniront des instructions de façon à ce que les deux peuples puissent unir leurs efforts contre l'ennemi commun dans les meilleures conditions de succès. De leur côté les Oulad Embarek fourniront les contingents qu'on leur serait demandé.

Article VI

Des Conventions particulières pourront être faites qui règleront les questions qui ne sont point stipulées dans ce traité, ou que la pratique et le développement des relations viendraient à soulever

Article VII

Selon l'usage le présent traité sera soumis à la ratification de qui de droit.

Fait et signé en triple expédition à

واولاد المبارك وعدوا بانهم لا يتعاطوا عقد المحبة والتجارة مع قوم اخرى الا بواسطة امراء الفرنسيس

فصل الثاني

وان المتعاهدان في تعاطف بانهما يحترم عادات كل واحد منهما وسيره ودينه واموره وحريته

فصل الثالث

وانه يمكن للفرانسيس السير باختيارهم وسكنى ببلاد اولاد المبارك الحرة والتجارة والاخذ عن منافع البلخ ويكون الفرانسيس محمية تحت تشيع اولاد المبارك كانهم من قبيلتهم بشرط انهم يحفظوا ويشتاعوا عليهم العادات والقوانين ويحفظوا عليهم وكذالك اولاد المبارك يمكن السير باختيارهم ومحلة تحت يد الفرانسيس ويكون الفرانسيس محمية بشرط انهم يحفظوا ويشتاعوا عليهم الشرائع والعادات وقاعدة احدى

فصل الرابع

وان القوافل ترتاد المسافرين يسيرون باختيارهم في بلد اولاد المبارك ولا عليهم قطاع ولا ضرر من احد

واحد [ا] سلاح وذخيرة واملاك الاكراء الاصحار وان الفرانسيس يبيعون لاولاد المبارك بثمن سيرهم بشرى السلاح والالة الخرى لتيقين السلاح والالة امن للمسافرين التاجرين الذين منهم مع حزب علفهم

فصل الخامس

وان الفرانسيس لما لم يجى اتيانهم ع بلاد السودان للعنة لا يبيعون اولاد المبارك عالخارج على مالهم خيشتهم وقبيلة اخرى وللكن اذا كان الامر عظيمة وخصف الفرانسيس به حجى الى اولاد الحاج عمر واذا انهم يبيعون اولاد المبارك ويعفون لهم السلاح والبارود والرطاصو ويعطو نفى بالكيفية ليكون كل القومين واولاد المبارك على احسن حال اقفال العدو من جهتهم اولاد المبارك يخرجون الرجال الذي يسأل يسيل فيطى

فصل السادس

وانه يمكن وقوع عقد الوزائر لتفطيل مالم يكن في هذا العهد العهد متى اشتعل بالعكلة وتطبيق العلاقات المشتركة

فصل السابع

كما هو عادة ان يخزى هذا العهد يرسل الى رتاية من يستوفى به

مكتوب ومخطوط ثلاثا

Kalumba le Quatorze Mai Mil
huit cent quatre vingt sept, En présence
de Mr Guiguandon Fernand, lieutenant
d'Infanterie de Marine et de Mr Mandao
Ougman Sô Interprète de 2ème classe
d'une part,

Et de Othman
de Sau-Ya
de Negga Ses parents,
et de Mohammed el Amin, marabout
d'autre part
qui ont signé comme témoins

Au nom de la République française

—

Au nom du Bien clément et miséricordieux.

Entre nous, Toutain Louis, chevalier de
la Légion d'Honneur, commandant de cercle de
1re classe, agissant comme représentant de M.
Gallieni Joseph, chevalier de la Légion d'Honneur,
lieutenant-colonel d'Infanterie de marine, Commandant supérieur du Soudan français et en vertu des
pouvoirs qui nous ont été confiés, d'une part

Et Cheikh Sidi Ahmed ben Mohammadou
Lamine Cheikh des Oulad Embarek,

Agissant en son nom, au nom de ses tribus et
de ses successeurs, d'autre part,

A été conclu le traité suivant :

Article 1er

Les Français et les Oulad Embarek s'engagent à
vivre à l'avenir en bonne et solide amitié.

Les Oulad Embarek s'engagent à ne conclure désormais de traités d'alliance ou de commerce avec d'autres nations que par l'intermédiaire des autorités
françaises.

Article 2

405

Les deux contractants s'engagent à respecter
les usages, les mœurs, la religion, le mode de
gouvernement et l'indépendance l'un de l'autre.

Article 3

Seuls, les Français pourront circuler librement, s'établir, se livrer à leur commerce, à leur industrie ou à leurs études dans le pays des Oulad Embarek et y seront protégés dans leurs personnes, leurs biens et leurs usages comme s'ils appartenaient à la tribu, à la condition de ne violer en rien les lois, les coutumes et la propriété de leur hôte.

De même les Oulad Embarek pourront circuler, s'établir provisoirement ou à demeure sur les territoires soumis à l'action de la France et y seront protégés comme les gens du pays, à la condition de ne violer en rien les lois, les coutumes et la propriété.

Article 4.

Les caravanes pourront circuler librement chez les Oulad Embarek, sans y être inquiétées en quoi que ce soit et par qui que ce soit. Les Français faciliteront aux Oulad Embarek l'achat d'armes et de munitions et assureront la sécurité des marchands de tribus amies de leurs alliés.

Article 5.

Les Français n'étant pas venus dans le Soudan dans le but de faire la guerre, ne peuvent s'engager à soutenir les Oulad Embarek dans leurs invasions générales.

Mais, dans le cas d'une lutte sérieuse apportée par eux et spécialement contre le fils d'El Hadj Omar, les Français procureraient aux Oulad Embarek des armes et des munitions et leur fourniraient des instructions de façon à ce que les deux peuples puissent unir leurs efforts contre l'ennemi commun dans les meilleures conditions de succès. De leur côté, les Oulad Embarek fourniraient les contingents qui leur seraient demandés.

Article 6.

Des conventions postérieures pourront être faites qui régleront les questions qui ne sont pas réglées dans ce traité ou que la pratique et le développement des relations viendraient à soulever.

Article 7

Selon l'usage, le présent traité sera soumis à la ratification de qui de droit.

Fait et signé en triple expédition à Kalumbo, le

le 14 mai 1887, en présence de M. Quiquandon
Fernand, lieutenant d'Infanterie de marine et de M.
Mandao Ousman bô, interprète de 2ᵉ classe d'une
part et de Othman, de Bou-Ya, de Noga, ses parents et de Mohammed el Amien marabout, d'autre
part, qui ont signé comme témoins.
Signé: Tontain, Quiquandon, Ousman.

RÉPUBLIQUE FRANÇAISE.

TRAITÉ AVEC LE PAYS DES OULAD EMBARCK.

(14 mai 1887.)

Ratifié par décret du 17 octobre 1887

Au nom de la République française.

Au nom de Dieu clément et miséricordieux ;

Entre nous, *Louis Tautain*, Chevalier de la Légion d'honneur, Commandant de cercle de 1ʳᵉ classe, agissant comme représentant de M. *Joseph Galliéni*, chevalier de la Légion d'honneur, Lieutenant-Colonel d'infanterie de marine, Commandant supérieur du Soudan français, et en vertu des pouvoirs qui nous ont été conférés, d'une part ;

Et *Cheikh Sidi Ahmed ben Mohammadou Lamine*, Cheikh des Oulad Embarck,

Agissant en son nom, au nom de ses tribus et de ses successeurs, d'autre part ;

A été conclu le traité suivant :

Article premier.

Les Français et les Oulad Embarck s'engagent à vivre à l'avenir en bonne et solide amitié.

Les Oulad Embarck s'engagent à ne conclure désormais de traités d'alliance ou de commerce avec d'autres nations que par l'intermédiaire des autorités françaises.

Art. 2.

Les deux contractants s'engagent à respecter les usages, les mœurs, la religion, le mode de gouvernement et l'indépendance l'un de l'autre.

Art. 3.

Seuls, les Français pourront circuler librement, s'établir, se livrer à leur commerce, à leurs industries ou à leurs études dans le pays des Oulad Embarck, et y seront protégés dans leurs personnes, leurs biens et leurs usages comme s'ils appartenaient à la tribu, à la condition de ne violer en rien les lois, les coutumes et la propriété de leurs hôtes.

De même les Oulad Embarck pourront circuler, s'établir provisoirement, ou à demeure sur les territoires soumis à l'action de la France et y seront protégés comme les gens du pays à la condition de ne violer en rien les lois, les coutumes et la propriété.

Art. 4.

Les caravanes pourront circuler librement chez les Oulad Embarek, sans y être molestées en quoi que ce soit et par qui que ce soit. Les Français faciliteront aux Oulad Embarek les achats d'armes et de munitions et assureront la sécurité des marchands de tribus amies de leurs alliés.

Art. 5.

Les Français, n'étant pas venus dans le Soudan dans le but de faire la guerre, ne peuvent s'engager à soutenir les Oulad Embarek dans leurs moindres querelles.

Mais, dans le cas d'une lutte sérieuse, approuvée par eux, et spécialement contre le fils d'El Hadj Oumar, les Français procureraient aux Oulad Embarek des armes et des munitions et leur fourniraient des instructions de façon à ce que les deux peuples puissent unir leurs efforts contre l'ennemi commun dans les meilleures conditions de succès. De leur côté, les Oulad Embarek fourniraient les contingents qui leur seraient demandés.

Art. 6.

Des conventions postérieures pourront être faites qui régleront les questions qui ne sont point élucidées dans ce traité, ou que la pratique et le développement des relations viendraient à soulever.

Art. 7.

Selon l'usage le présent traité sera soumis à la ratification de qui de droit.

Fait et signé en triple expédition à Kalumba, le 14 mai 1887, en présence de M. *Fernand Quiquandon*, Lieutenant d'infanterie de marine et de M. *Mandao Ousman Só*, Interprète de 2⁰ classe, d'une part ; de

> *Othman,*
> *Bou-Ya,*
> *Negga,* ses parents,
> et de *Mohammed el Amin*, marabout,

d'autre part, qui ont signé comme témoins.

Signé : Dr Tautain.
F. Quiquandon.
M. Ousman.

I want morebooks!

Buy your books fast and straightforward online - at one of world's fastest growing online book stores! Environmentally sound due to Print-on-Demand technologies.

Buy your books online at
www.morebooks.shop

Achetez vos livres en ligne, vite et bien, sur l'une des librairies en ligne les plus performantes au monde!
En protégeant nos ressources et notre environnement grâce à l'impression à la demande.

La librairie en ligne pour acheter plus vite
www.morebooks.shop

Printed by Books on Demand GmbH, Norderstedt / Germany